MATTEO RADAELLI - LUCA CRISTINI

I LONGOBARDI
LE ORIGINI, LA GRANDE MIGRAZIONE. L'ARRIVO E LO STANZIAMENTO IN ITALIA

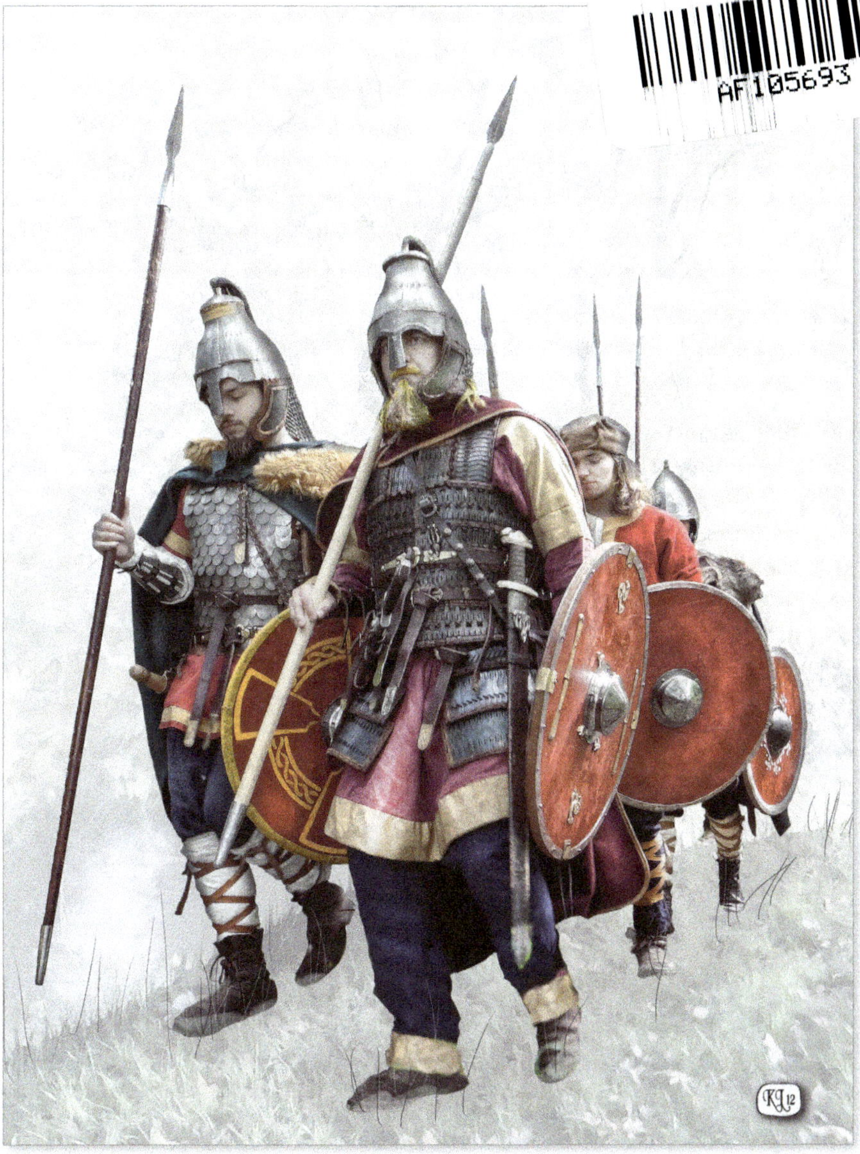

SOLDIERS&WEAPONS 015

AUTORI - AUTHORS:

Matteo Radaelli vive in provincia di Bergamo; studente in storia presso la facoltà di Lettere e Filosofia dell'Università Statale di Milano, E' prossimo a laurearsi con un elaborato sulla storia del cristianesimo. Particolarmente interessato alle tematiche legate all'ambito medievale, è alla sua prima pubblicazione per la Soldiershop.

Luca Stefano Cristini, bergamasco, appassionato da sempre di storia militare. Dirige da diversi anni riviste nazionali specializzate di carattere storico uniformologico. Ha collaborato con l'editore Albertelli e De Agostini. Ha pubblicato un importante lavoro, su due tomi, dedicato alla guerra dei 30 anni (1618-1648) e uno studio in tre volumi sull'esercito imperiale nell'età di Eugenio di Savoia, scritto con B.Mugnai. Ha firmato molto titoli delle collane Soldiershop. In questo volume è autore delle immagini a colori.

Crediti fotografici - Photographic credits:

Quasi tutte le tavole a colori sono ispirate a gruppi di reenactors italiani specializzatisi nel periodo. Il massimo contributo ci è stato fornito dal gruppo Fortebraccio Veregrenese, scuola di scherma antica, specializzata nella rievocazione storica del perido longobardo. Anima del gruppo è il capitano e magister Diego Giulietti cui va il nostro grande ringraziamento per la fattiva e professionale collaborazione. Particolare ringraziamento va anche all'amico Giovanni Banfi per la serie di uniformi del suo gruppo. Gran parte delle fotografie sono scatti degli autori fatte nei musei che sono indicati in fondo alla didascalie. Gli autori ringraziano molto anche l'artista Nadir Durand per la realizzazione di due tavole a colori ed alcune in B/N contenute nel libro. Un particolare riconoscimento va alla Professoressa Liliana Martinelli, dal cui corso di "Storia della Lombardia nel medioevo" ho tratto molti utili elementi per la redazione del testo. Desidero inoltre ringraziare tutti coloro che, nei modi più vari, hanno collaborato con Luca e me per rendere possibile la pubblicazione di questo volume.

All plates are inspired to Italian reenactement groups. Especially the group of Fortebraccio Veregrenese and his leader Diego Giulietti. The club of the friend Giovanni Banfi. For the artworks in colour a special thanks to Nadir Durand. All the shots are work of the authors in various museums and associations well indicated in the notes.

NOTE AI LETTORI - PUBLISHING NOTE

Tutto il contenuto dei nostri libri, in qualsiasi forma prodotti (cartacei, elettronici o altro) è copyright Soldiershop.com. I diritti di traduzione, riproduzione, memorizzazione con qualsiasi mezzo, digitale, fotografico, fotocopie ecc. sono riservati per tutti i Paesi. Nessuna delle immagini presenti nei nostri libri può essere riprodotta senza il permesso scritto di Soldiershop.com. L'Editore rimane a disposizione degli eventuali aventi diritto per tutte le fonti iconografiche dubbie o non identificate. I marchi Soldiershop Publishing ©, e i nomi delle nostre collane - Soldiers&Weapons, Battlefield e War in Colour sono di proprietà di Soldiershop.com; di conseguenza qualsiasi uso esterno non è consentito.

None of images or text of our book may be reproduced in any format without the expressed written permission of Soldiershop.com. The publisher remains to disposition of the possible having right for all the doubtful sources images or not identifies. Our trademark: Soldiershop Publishing ©, The names of our series: Soldiers&Weapons, Battlefield, War in colour, PaperSoldiers, Soldiershop e-book etc. are herein @ by Soldiershop.com.

SOLDIERS&WEAPONS

La principale delle nostre collane di libri. Dedicata alla storia militare, alle uniformi e alle armi dei grandi eserciti del passato. Basata su testi di 68-80 o 160 pagine con diverse tavole a colori nelle pagine centrali e molte illustrazioni in b/n.

ISBN: 978-88-93272469   1a edizione: Settembre 2012, seconda edizione maggio 2017
Title: **I LONGOBARDI - LE ORIGINI, LA GRANDE MIGRAZIONE. L'ARRIVO E LO STANZIAMENTO IN ITALIA (Soldiers&Weapons 015)** by Matteo Radaelli (testo), Luca Cristini (illustrazioni a colori)
Editor: SOLDIERSHOP PUBLISHING (ITALY). Cover & Art Design: Luca S. Cristini.

Copertina: Duca longobardo a cavallo.
Cover: Lombard noble warrior at horse

▶ **Esse Longobarda** raffigura, contrapposti, due uccelli rapaci la cui forza-potentissima- è nel becco-tenaglia. Simbolo di:"Fortezza" magnificamente raffigurata...

The Lombard S portrays, opposed, two rapacious birds whose strength is-powerful-in-beak pliers. Symbol: "Fortress" magnificently portrayed ..

PREFAZIONE

Prima di cominciare la nostra breve trattazione è necessario fare una sintetica premessa per presentare, anche se solo in poche righe, un personaggio senza il quale questo e altri lavori analoghi mai avrebbero potuto vedere la luce: Paolo Diacono. Costui, esponente di una nobile famiglia longobarda stanziata in Friuli, visse nel corso dell'VIII secolo. Uomo di cultura e grande viaggiatore, all'avvento al trono di Re Desiderio, ultimo Re longobardo, si reca presso il Ducato di Benevento. La successiva discesa di Carlo Magno nella penisola italiana e la fine del Regno longobardo del nord lo inducono a farsi monaco nel monastero di Montecassino. Forse per ottenere la salvezza del fratello, ribellatosi al Re franco assieme ad altri duchi, decide poi di entrare a far parte della corte di intellettuali di Carlo. Verso la fine della sua vita scrive la sua opera più celebre, ovvero la *Historia Langobardorum*. Questo scritto rappresenta tutt'oggi la fonte di maggior importanza (nonché una delle poche) per quel che concerne le nostre conoscenze dirette relative al regno dei Longobardi nella penisola italica e alle vicende che li videro protagonisti nel corso dei molti secoli che precedettero la loro invasione, databile circa 15 anni dopo la fine della guerra greco – gotica (535/553). Paolo Diacono, come si capirà, è un cronista medievale, con tutti i pregi e i difetti che ciò comporta per lo studioso che voglia oggi accostarsi alla sua opera, tanto affascinante quanto a tratti ingenua ed incerta. È bene precisare, pertanto, che numerosi passi della *Historia Langobardorum* sono soggetti a innumerevoli interpretazioni da parte di un ampio numero di storici, e che in non pochi casi non si hanno ancora certezze a proposito di come andarono le cose. La seguente trattazione, per esporre le vicende del popolo Longobardo, segue la linea proposta dallo scritto di Paolo Diacono, avvalendosi comunque di altre fonti e studi. Per coloro che fossero interessati ad approfondire le tematiche proposte in questa sede, che per mere ragioni di spazio sono trattate in modo sintetico, per quanto l'autore speri di essere riuscito a dare una visione che sia la più ampia e completa possibile, si rimanda ai numerosi contributi di storici professionisti, alcuni dei quali si possono trovare indicati nella bibliografia.

Matteo Radaelli

"Ab intactae ferro barbae longitudine, ita postmodum appellatos. Nam iuxta illorum linguam "lang" longam, "bart" barbam significat."

"Furono chiamati così, in un secondo tempo per la lunghezza della barba mai toccata dal rasoio. Infatti nella loro lingua lang significa lunga e bart barba" (Paolo Diacono, storico *Langobardorum*)

INDICE - CONTENTS:

Le origini, la grande migrazione e l'arrivo in Italia .... Pag. 5
Il Regno longobardo d'Italia .... Pag. 13
Cenni di organizzazione sociale e militare .... Pag. 65
Approfondimenti a proposito dell'assedio di Pavia .... Pag. 68
L'armamento .... Pag. 70
Note alle Tavole a colori .... Pag. 72
Bibliografia .... Pag. 78

A mio nonno Aurelio

LE ORIGINI, LA GRANDE MIGRAZIONE E L'ARRIVO IN ITALIA

L'origine del popolo che noi conosciamo come Longobardo viene collocata da Paolo Diacono in Scandinavia. I continui problemi di sovrappopolazione avevano già da tempo, e in diverse occasioni, costretto una parte delle genti scandinave alla migrazione in direzione del continente. A tale soluzione si dovette rassegnare (forse intorno al 150 A.C.) uno dei tre gruppi nei quali era stata suddivisa per l'ennesima volta l'intera popolazione, onde estrarre a sorte quello cui sarebbe toccato lasciare la terra natia ed intraprendere una faticosa ed incerta peregrinazione in cerca di miglior fortuna. Il gruppo prescelto fu quello dei Winnili, che in seguito ad uno scontro con i Vandali, di cui si parlerà a breve, assunsero il nome di Longobardi. Essi, dunque, lasciarono le coste scandinave nel corso di un'ondata migratoria relativamente tarda. I loro capi, o duci, erano, sostiene Paolo Diacono, due fratelli, Ibor e Aio, giovani e valorosi. Il loro ardore era nondimeno temperato dai buoni consigli della loro saggia madre, Gambara.

Il luogo del loro primo stanziamento fu una zona denominata Scoringa, da collocarsi probabilmente fra l'attuale Danimarca e la Vistola, o in riva all'Elba. I Winnili, come si è già ricordato, non erano che gli ultimi arrivati in quei territori che comprendevano la penisola dello Jutland e gli spazi adiacenti, e ben presto dovettero affrontarne le conseguenze. Difatti i Vandali (anche questi di stirpe germanica), stanziati già da diverso tempo nello Jutland e confinanti con i Winnili, pretesero da questi ultimi il pagamento di un tributo. Ibor e Aio, dopo essersi consigliati con la madre, optarono tuttavia per la resistenza armata, non volendo sottomettersi alle umilianti imposizioni degli aggressivi vicini.

È nel corso di questa vicenda che, come riporta Paolo Diacono, si inserisce l'episodio mitico che dà origine al nome di Longobardi. I Vandali infatti, recatisi dal dio Godan (o Wotan, che dir si voglia) per domandare la concessione della vittoria nell'imminente battaglia, si sentirono rispondere che la vittoria sarebbe stata accordata a coloro che egli avesse visto per primi al sorgere del sole. A quel punto Frea, moglie di Godan, suggerì a Gambara, recatasi a sua volta presso di lei a domandare la vittoria per i Winnili, di far acconciare i capelli delle donne attorno al viso, in modo che sembrassero barbe; e il giorno dopo, così camuffate, schierarle assieme agli uomini prima della battaglia. Il mattino seguente Godan, vedendo le donne

◀ **Guerriero longobardo a cavallo.** Modello in scala realizzato da Luca Cristini

Lombard warrior at horse. Model realized by Luca Cristini.

◀◀ **La corona ferrea, status simbolo dei Re longobardi,** da una vecchia incisione ottocentesca.

The Iron Crown, a status symbol of the Lombard kings, from an old nineteenth-century engraving.

abilmente mascherate, domandò alla moglie "Chi sono codesti uomini sì longibarbuti?"; Frea gli consigliò allora di concedere la vittoria a coloro che egli aveva così chiamato. Va ricordato che già Paolo Diacono non ritiene attendibile questa leggenda, e attribuisce il nome Longobardi alla semplice usanza di farsi crescere la barba. Ma nelle leggende, si sa, è spesso possibile rintracciare un fondo di verità; e nessuno ci vieta quindi di pensare, come alcuni ritengono, che la storia narrata da Paolo Diacono fosse in origine un astuto stratagemma (ordito forse da Gambara?), grazie al quale i Winnili riuscirono ad ingannare i Vandali, illudendoli di essere in numero assai superiore di quanto questi ultimi non avessero ritenuto. Gli sconcertati Vandali, che probabilmente ritenevano di poter cogliere una facile vittoria, furono quindi colti di sorpresa e duramente sconfitti; questa acuta strategia sarebbe poi stata tramandata in forma leggendaria. In ogni caso i Vandali, che si voglia prestar fede o meno al racconto, vennero battuti, e i Longobardi poterono godere di un periodo di relativa tranquillità.

Essi tuttavia si rimettono ben presto in marcia, dirigendosi a ovest, verso la regione chiamata Mauringa, il cui significato ("Terra di paludi"), rimanda alla zona corrispondente grossomodo all'attuale Meclemburgo. Perché scelgono di intraprendere un nuovo, faticoso cammino verso una meta ignota? Paolo Diacono parla di una carestia; non è cosa strana considerato che la popolazione, per quanto inizialmente esigua, è certamente cresciuta nel corso degli ultimi tempi. Le risorse offerte dal luogo non erano evidentemente più sufficienti per soddisfare il fabbisogno di tutti. Il cammino, ad ogni modo, viene ostacolato fin da subito dal popolo degli Assipitti, che rifiutano decisamente di lasciar passare i Longobardi sulle loro terre. Questi ultimi ricorrono quindi ad una nuova astuzia: fanno circolare la voce di avere con loro dei guerrieri cinocefali ("dalla testa di cane"), soldati formidabili, instancabili e feroci; innalzano molte tende e accendono un gran numero di fuochi per illudere gli avversari di essere molto numerosi. Gli Assipitti cadono nel tranello e, inquieti, propongono un combattimento tra due campioni rappresentativi dei rispettivi popoli. Il loro guerriero viene sconfitto, e i Longobardi possono proseguire la loro marcia. Fermatisi per qualche tempo in Mauringa, riprenderanno ben presto il cammino giungendo in Golaida, ovvero la zona del basso Elba. Qui i Longobardi si fermeranno per un lungo periodo di tempo, prendendo successivamente possesso anche di alcuni territori situati a sud est, che Paolo Diacono chiama Anthab, Banthaib e Vurgundaib. Probabilmente non tutti scelsero di aggregarsi alla chilometrica colonna che marciava a rilento verso la prossima meta. Molti preferivano restare, altri cambiavano idea *in itinere* e tornavano indietro. La migrazione vera e propria, peraltro, doveva occupare ben poche settimane dell'anno (da collocarsi presumibilmente durante il periodo primaverile) considerato il tempo necessario alla sistemazione dei quartieri invernali, alla preparazione dei campi e alla semina: il raccolto era infatti necessario per superare la stagione fredda e sostentarli durante il successivo tragitto.

Durante questo lungo lasso di tempo, quindi, i Longobardi coltivarono campi e allevarono bestiame. Altro fatto di importanza non secondaria

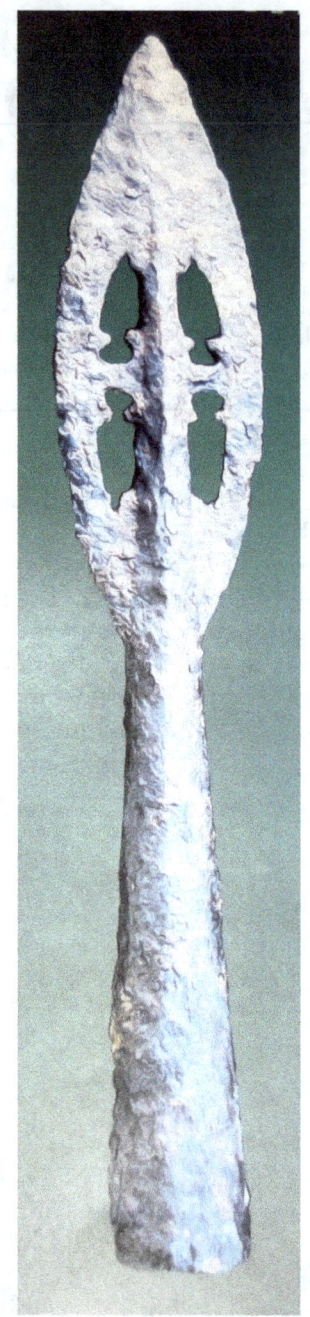

▲ Punta di lancia longobarda.
Lombard Spearhead.

▶ **Pluteo con pavone** in marmo proconnesio conservato al museo di santa Giulia in Brescia, metà VIII secolo.

Pluteus with peacock in Proconnesian marble preserved at the Museum of Santa Giulia in Brescia, mid-eighth century.

fu l'evoluzione dell'organizzazione militare. I Longobardi, come era consuetudine presso le popolazioni germaniche, erano soliti combattere per clan, ovvero per gruppi parentali; ma le condizioni della loro nuova vita, come abbiamo già avuto modo di vedere, erano piuttosto precarie, e gli scontri armati non erano certo rari. Va anche aggiunto che non tutti si sentivano adatti alla vita dell'agricoltore o dell'allevatore; si consolidò pertanto l'usanza della cosiddetta scorta armata, ovvero la concentrazione di giovani guerrieri, che scelgono di dedicarsi totalmente al mestiere delle armi, attorno a un capo militare, cui giurano fedeltà. Questi gruppi costituirono una forza armata di mestiere, assai potente ed efficace.

In questo periodo i Longobardi entrarono anche in contatto con i Romani, complici le varie campagne militari oltre il Reno effettuate da questi ultimi in età augustea; e non è certo irragionevole sostenere che i rapporti tra i due popoli non furono limitati agli scontri armati.

È infine opportuno ricordare la probabile partecipazione dei Longobardi alla battaglia di Teutoburgo (9 D.C.), che segnò la fine delle aspirazioni romane all'espansione dell'Impero oltre il Reno. Certo è che Tacito conosceva i Longobardi, e li ricorda nel *Germania*, scritto nel 98 D.C., come popolo valoroso nonostante l'esiguità numerica.

Lo stato migratorio, come si capirà, rende necessaria l'elezione di un sovrano, un uomo di personalità che diriga la popolazione nel lungo cammino, organizzi la marcia, funga da esempio nei momenti più difficili. E così i Longobardi, il cui governo dopo Ibor e Aio era stato probabilmente nelle mani del Duca (capo militare) che di volta in volta riusciva a imporsi, decidono, intorno alla fine del IV secolo, di eleggere un Re: Agelmundo, che secondo Paolo diacono regnò per 33 anni. Suo successore fu Lamissio. Costui era uno dei figli di una meretrice che la scriteriata madre aveva deciso di gettare in uno stagno dopo il parto. Volle il caso che, mentre gli infanti stavano annegando, passasse Agelmundo. Il Re protese la sua lancia verso i piccoli, e subito Lamissio l'afferrò. Il sovrano fu tanto impressionato dal gesto che lo fece ripescare ed allevare con ogni cura; e dopo l'uccisione di Agelmundo, avvenuta durante un attacco dei Bulgari (gli Unni), Lamissio, come detto, diverrà Re. Gli Unni invero, al comando di Attila, stavano in quel tempo terrorizzando l'Europa, dato che nulla sembrava in grado di aver ragione di loro. Lamissio riuscì, con grande fatica, a guidare il suo popolo contro di loro per vendicare il torto subito, a sconfiggerli e ad evitare quindi una probabile sottomissione. Nel 451 venne combattuta la celebre battaglia dei Campi Catalaunici ove il generale Ezio, al comando di un esercito formato da romani e germani, inferse una dura sconfitta agli Unni. Attila invase, ciononostante, la penisola italica e marciò su Roma; non si arrischiò tuttavia ad attaccare la Città Eterna, poiché il suo esercito era stato decimato dalle malattie e dalle battaglie. Poco dopo egli morì; privi della sua guida gli Unni vennero cacciati dalle terre che avevano sottomesso e furono costretti a ritirarsi a est.

Dopo che il barbaro Odoacre, il quale regnava nella penisola italica dopo aver deposto nel 476 l'Imperatore Romolo Augustolo, ebbe scacciato dalle loro terre i Rugi (487), i Longobardi si stanziarono nella zona appena liberata, corrispondente all'incirca alla bassa Austria, e chiamata Rugiland. In seguito, probabilmente a

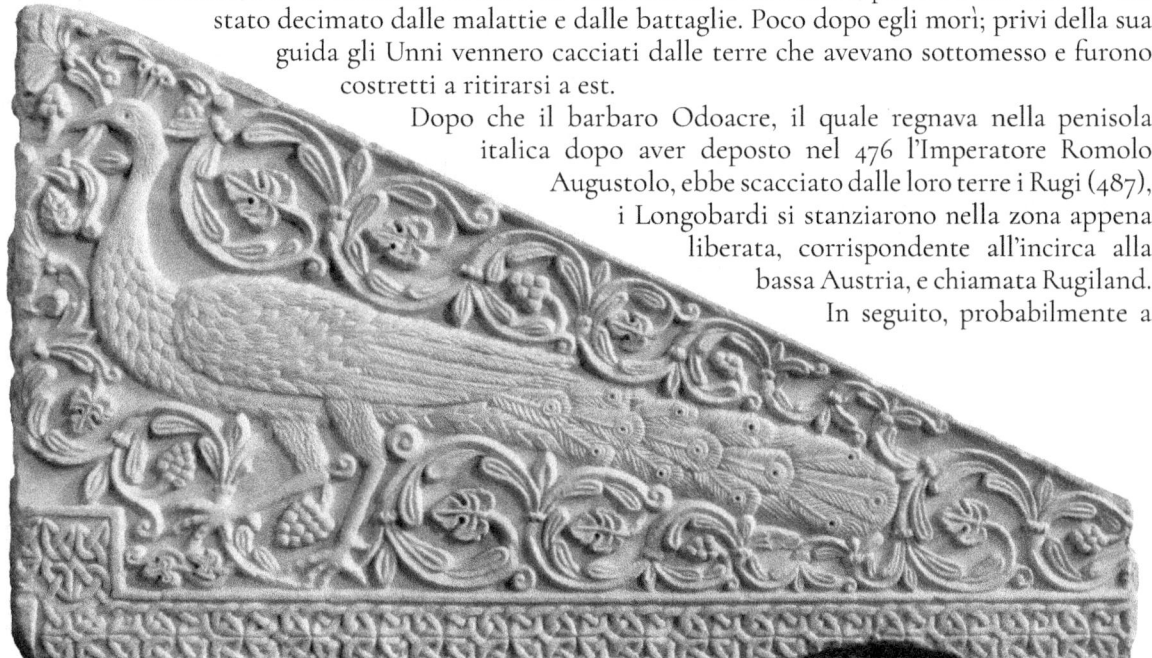

◄ **Alboino** fu uno dei più importanti e leggendari Re dei Longobardi, sul trono dal 560 circa e Re d'Italia dal 568 al 572. Nel 568 guidò il suo popolo alla conquista dell'Italia. Venne assassinato nell'ambito di una congiura a Verona nel 572. Il suo successore al trono fu Clefi.

Alboin was one of the most important and legendary king of the Lombards, on the throne from the 560 as king of Italy from 568 to 572. In 568 he led his people to conquer Italy. He was murdered in a conspiracy in 572 at Verona. His successor to the throne was Cleph.

► **L'assassinio di Alboino, Re dei Longobardi** opera di Charles Landseer (1856).

The assassination of Alboin, king of the Lombards by Charles Landseer (1856).

causa di contrasti con il vicino popolo degli Eruli, dovettero spostarsi nel territorio chiamato Feld, nelle zone pianeggianti ungheresi a nord del Danubio. Gli screzi iniziali tra le due popolazioni, come spesso accade, sfociarono in una guerra. Paolo Diacono narra in questo modo la vicenda che diede origine al *casus belli*: il fratello di Rodolfo, Re degli Eruli, aveva appena concluso la pace con Tato, settimo Re dei Longobardi. Egli tuttavia venne a male parole con la figlia di Tato, che lo fece uccidere a tradimento. Rodolfo, indignato per questo atto vergognoso, ruppe il trattato di pace e mosse guerra ai Longobardi. Vuole la tradizione che egli fosse tanto sicuro del successo da ordinare a un suo uomo di stare di vedetta per riportare immediatamente la notizia della vittoria, minacciandolo di tagliargli la testa nel caso avesse annunciato la sconfitta. Costui, vedendo la rotta degli Eruli, esclamò "Guai a te, o misera Erulia, punita dall'ira divina!". Al che Rodolfo rispose "Forse che i miei Eruli fuggono?". E la sentinella ribatté "Questo, o Re, non l'ho detto io, ma tu stesso". La vittoria dei Longobardi determinò negli Eruli uno stato di prostrazione dal quale non si sarebbero più riavuti: i superstiti si dispersero e col tempo si smarrì ogni traccia di quel popolo. Il Re Tato non ebbe peraltro molto tempo per compiacersi della sua vittoria, poiché venne ucciso da suo nipote Waccho, che divenne il nuovo Re. Hildechis, figlio di Tato, provò a ribellarsi al cugino, ma venne sconfitto e fu costretto a riparare presso il vicino popolo dei Gepidi. A questo fatto Paolo Diacono fa risalire l'ostilità fra i due popoli.
È ora il momento di volgere un rapido sguardo a ciò che sta accadendo, nel resto dell'Europa, ai maggiori popoli germanici presenti nel complicato panorama del tempo:
i Franchi, in occidente, riconobbero per la prima volta un unico Re nel 481, nella persona di Clodoveo, primo sovrano della stirpe regale dei Merovingi. La sua politica espansionistica lo portò a scontrarsi con i Visigoti nel 507, fatto che consentì di stabilire il confine del suo regno ai Pirenei. Questa politica di conquista venne proseguita dai suoi figli, che in breve si impadronirono di tutti i territori dell'antica Gallia a spese dei Turingi e dei Burgundi.

I Gepidi, anch'essi provenienti dalla Scandinavia, si stanziarono inizialmente in Transilvania, ma vennero successivamente spinti verso ovest dagli Unni, per i quali furono tra l'altro costretti a combattere nella battaglia dei Campi Catalaunici; dopo la sconfitta di questi ultimi i Gepidi si ribellarono al loro dominio e, cacciatili, si ritrovarono ad essere i padroni delle pianure ungheresi, mentre la loro potenza era in continua ascesa.

I Goti, che dall'originaria sede scandinava avevano inizialmente raggiunto la zona posta a nord del Mar Nero, si erano poi scissi in due grandi gruppi, chiamati rispettivamente Visigoti (Goti dell'ovest) e Ostrogoti (Goti dell'est). I primi furono protagonisti di alterne vicende con l'Impero romano, che non sono tuttavia oggetto di questo volume; sarà sufficiente ricordare il saccheggio patito da Roma per opera loro, avvenuto nel 410, e il successivo spostamento nelle penisola iberica, dalla quale cacciarono i già incontrati Vandali, che furono costretti a rifugiarsi presso le coste africane. Il regno dei Visigoti sopravvivrà fino all'arrivo degli Arabi, nell'VIII secolo. Gli Ostrogoti, invece, guidati dal loro Re Teodorico, sconfissero le truppe di Odoacre, e nel 489 penetrarono nella penisola italica. La loro venuta fu probabilmente sollecitata anche dall'Imperatore d'oriente, Zenone, che non vedeva certo di buon occhio l'occupazione di Odoacre. Teodorico regnò fino al 526.

Torniamo per un momento ai Longobardi: dopo la morte di Teodorico essi giungono in Pannonia. Era questa una provincia romana comprendente parte delle odierne Ungheria, Croazia, Slovenia e Austria. Frattanto, nel 527 era salito al trono imperiale d'oriente Giustiniano, deciso a riconquistare le varie zone dell'Impero cadute in mano ai barbari. I primi ad essere sconfitti e dispersi furono i Vandali in Africa;

ma ben più importante ai fini del nostro discorso è la successiva guerra intrapresa da Giustiniano contro gli Ostrogoti presenti in Italia. Oltre a questioni puramente territoriali va anche considerato il peso che dovette avere nella decisione di Giustiniano la disputa religiosa tra Ariani e Cattolici che da molto tempo imperversava: mentre gli Ostrogoti professavano un credo ariano, l'Imperatore era il difensore della fede cattolica. La guerra scoppiò nel 535 e durò circa 18 anni; e, fatto della massima importanza, molti mercenari Longobardi provenienti dalla Pannonia furono probabilmente impegnati nelle operazioni belliche contro gli Ostrogoti, a fianco delle armate bizantine al comando del generale Narsete. Perché, ci si potrebbe domandare, i Longobardi scelsero di combattere al fianco di Bisanzio? Non si dimentichino le complesse condizioni di quel periodo: la Pannonia non era troppo distante dall'Impero, e i Longobardi dovevano vedersela con i Gepidi, vicini assai scomodi e di notevole potenza. A ovest erano inoltre stanziati i Franchi, che non avevano certo avuto remore ad annientare i Burgundi e i Turingi. Un alleato, insomma, faceva sempre comodo. Tramite un'accorta politica matrimoniale, peraltro, Waccho aveva dato in sposa una delle sue figlie a Teudeperto, Re dei Franchi. Questi ultimi, a onor del vero, furono inizialmente alleati agli Ostrogoti; ma nel 539, dato che la guerra volgeva in favore di Bisanzio li tradirono, aggredendoli di sorpresa e infliggendo loro un duro colpo. A questo punto pare che il Re degli Ostrogoti, Vitige, abbia mandato una richiesta di soccorso ai Longobardi, che rimase comunque inascoltata. Nel 540 cadde Ravenna, e Vitige fu preso prigioniero; gli Ostrogoti riuscirono a resistere ancora per lungo tempo guidati da Baduila (o Totila, "L'immortale", che dir si voglia), ma vennero duramente sconfitti nel 552 a Gualdo Tadino, ove perì lo stesso Baduila, e ancora l'anno successivo, questa volta definitivamente. La scomparsa del regno degli Ostrogoti favorirà la calata, attorno al 568, dei Longobardi.

Durante la guerra greco - gotica a Re Waccho era succeduto il figlio, Waltari, dopo la prematura morte del quale si proclamò Re Audoino. Paolo Diacono sostiene che durante il regno di costui venne combattuta una prima battaglia contro i Gepidi (il cui effettivo svolgimento è tuttavia oggetto di discussione), durante la quale Alboino, figlio di Audoino, uccide Turismodo, il figlio del Re dei Gepidi Turisindo. L'episodio, non certo suggestivo in sé, è significativo per osservare alcune usanze dei germani, che Paolo Diacono descrive proseguendo il racconto: il popolo, dato il valoroso gesto compiuto da Alboino, grazie al quale era stato possibile sconfiggere i Gepidi, suggerisce al Re di ammettere il figlio alla sua tavola; Audoino tuttavia deve respingere le richieste, poiché è costume che un figlio non sieda alla mensa del padre se non dopo aver ricevuto le armi dal sovrano di un'altra nazione. Alboino si reca quindi con alcuni compagni presso Turisindo, che li accoglie benevolmente nonostante lo sconforto per la recente perdita del figlio; un momento di tensione è presto sedato dallo stesso Re, che sottolinea come non vi sia gloria nell'uccidere un ospite. Turisindo, infine, consegna le armi del figlio ad Alboino e lo lascia ripartire in pace. Tra i riti simili per significato a quello della consegna delle armi vi è quello dell'adozione, per fare un esempio del quale è possibile citare l'invio da parte di Carlo Martello del figlio Pipino presso la corte di Liutprando (riportato dallo stesso Paolo Diacono nel sesto libro della *Historia Langobardorum*).

Dopo la fine della guerra greco – gotica, accadde che dalle steppe asiatiche calò un'orda di mongoli quale non se ne erano più viste dai tempi degli Unni: gli Àvari.

E costoro, quanto ad aggressività, si dimostrarono ben presto non dissimili ai loro predecessori. Dopo la morte di Giustiniano, nel 565, giunsero ad insidiare la stessa Bisanzio; e il nuovo Imperatore, Giustino II, dovette rassegnarsi a versar loro un tributo annuo.

In questo contesto la sospettosa diffidenza che i Longobardi avevano cominciato a nutrire verso i Franchi, dovuta all'insaziabile fame di conquiste di questi ultimi, venne superata: il matrimonio tra Alboino, erede al trono Longobardo, e Clodisvinta, figlia del Re dei Franchi, sancì una nuova alleanza tra le due popolazioni. Ma era con i Gepidi, e non con Gli Àvari, che i Longobardi si sarebbero a breve scontrati.

Paolo Diacono sostiene che la guerra fu causata dal desiderio di vendetta di Cunimondo, succeso al padre Turisindo in qualità di Re dei Gepidi; affermazione quantomeno sospetta, essendo scaturita dalla penna di un Longobardo. Al di là delle cause scatenanti, lo scontro con i Gepidi era destinato a verificarsi prima o poi: troppi i contrasti tra i due popoli, vicini decisamente scomodi l'uno per l'altro. Alboino, forse per prevenire un analogo tentativo di Cunimondo, scelse di allearsi con gli Àvari: decisione che si rivelerà tragicamente fatale. Cunimondo infatti, dopo essersi inutilmente rivolto all'Imperatore Giustino II per ottenere aiuto, decise di affrontare i suoi nemici in scontri separati, onde evitare di trovarsi stretto nella loro morsa; e con i suoi uomini avanzò contro i Longobardi. Questi ultimi, dopo una dura lotta, riuscirono a sconfiggere i Gepidi; e Paolo Diacono narra che il Re Alboino, dopo aver ucciso Cunimondo, utilizzò il cranio del nemico abbattuto per ricavarne una coppa. Alboino inoltre, essendo nel frattempo perita Clodisvinta, prese in moglie Rosmunda, la figlia del deceduto Re dei Gepidi.

I Longobardi, tuttavia, non ebbero molto tempo per gioire della loro vittoria: gli Àvari, che durante la battaglia con i Gepidi non avevano mosso un dito, pretesero nondimeno che il trattato di alleanza venisse rispettato. Ora, l'accordo prevedeva che agli Àvari toccasse la metà del territorio dei Gepidi; ma i mongoli, consapevoli dell'attuale stato di debolezza dei Longobardi, usciti malconci dalla pur vittoriosa battaglia, approfittarono delle condizioni favorevoli e cominciarono ad avanzare pretese cui Alboino, non avendo modo di reagire, fu costretto a piegarsi. Mal tollerando il fatto di essere in balìa degli Àvari, e per scongiurare il rischio di cadere sotto una vera e propria schiavitù, ai Longobardi non restò che partire per l'ennesima volta. La meta questa volta era già ben definita: la penisola italica,

◄ **Placca detta di Agilulfo.** Museo Nazionale di Bargello, Firenze
Agilulf's plaque. National Museum of Bargello, Florence

▼ **Placchette provenienti da cintura longobarda.** Museo archeologico di Fiesole.
Plaques from Lombard belt. Archaeological Museum in Fiesole.

che 15 anni prima era stata liberata dagli Ostrogoti. Va detto che altre teorie negano l'esistenza di inimicizia e disaccordi tra Àvari e Longobardi, e sostengono che Alboino, con grande lungimiranza, fu semplicemente abile nell'approfittare della favorevole situazione che gli si presentava nella penisola. Ora, al termine della guerra greco – gotica la situazione in Italia non era certo rosea: per darne un'idea si consideri che, verosimilmente, il totale della popolazione della penisola fu all'epoca tra i più bassi della storia. I Longobardi, come si ricorderà, nel corso del conflitto avevano militato, in qualità di mercenari, al fianco delle truppe bizantine comandate dal generale Narsete. Paolo Diacono racconta che costui, al termine del conflitto, rimase nelle penisola e accumulò ingenti ricchezze, attirandosi l'invidia e l'odio degli esponenti dell'aristocrazia romana. Questi ultimi si lamentarono di lui presso il nuovo Imperatore, Giustino II, che decise di richiamarlo a Bisanzio; ma Narsete, inquieto, fuggì a Napoli, donde, per rivalsa, inviò messaggeri ai Longobardi, sollecitando la loro venuta in Italia. Un particolare odio provò Narsete nei confronti dell'imperatrice Sofia: costei, essendo Narsete un eunuco, lo aveva schernito invitandolo a filare la lana nel gineceo, in compagnia delle sue ancelle; al che Narsete rispose che avrebbe ordito per lei una tela dalla quale l'imperatrice non sarebbe riuscita a liberarsi per tutta la vita. Di nessun credito è degna la vicenda che riporta il presunto invito dei Longobardi da parte di Narsete, dato che alla sua morte gli furono tributati onori che ben difficilmente avrebbero potuto essere riservati a un traditore. Pare invece attendibile la notizia della destituzione del generale, dovuta a diverse ragioni: il malcontento generale per il governo di Bisanzio, caratterizzato da un impopolare aggravio fiscale, gli immancabili intrighi di corte e la scarsa simpatia di cui Narsete effettivamente godeva presso l'imperatrice.

Noi abbiamo già avuto modo di vedere quali furono in realtà le ragioni che spinsero i Longobardi a partire dalla Pannonia per giungere nella penisola italica; e tuttavia non è escluso che la rimozione di Narsete possa aver avuto una parte nel convincere Alboino a tentare l'impresa. Non è altresì da sottovalutare l'ipotesi dell'invasione longobarda nell'ottica di un accordo in funzione antifranca fra Bisanzio e Alboino.

IL REGNO LONGOBARDO D'ITALIA

La grande, immensa carovana, dunque, si rimise in moto; era l'anno 568. È pressoché certo, inoltre, che i ranghi dei Longobardi furono considerevolmente accresciuti da gruppi di Gepidi, Turingi e Sassoni, questi ultimi contattati dallo stesso Alboino e giunti in più di 20000. I Longobardi rimanevano tuttavia la maggior parte del nutrito gruppo che sciamava verso la penisola, che contava in totale circa 200.000 individui.
(Si intende che d'ora in avanti sotto il nome di Longobardi si farà riferimento a questo coacervo di popoli di stirpe germanica, anche se non tutti furono Longobardi nel senso pieno del termine)
La tanto agognata destinazione venne raggiunta solo nel 569. Si narra che Alboino, giunto alle porte del Friuli, salì su una montagna, che oggi conosciamo come Monte Re, per contemplare l'intera zona; e con la successiva sottomissione di Cividale, affidata dal Re al nipote Gisulfo, ebbe inizio la conquista della penisola.
Nel Mezzogiorno, a onor del vero, pare che già dalla fine della guerra greco – gotica fossero presenti, con il benestare di Narsete, alcune schiere di Longobardi che avevano preferito non tornare in Pannonia. Sulla base di tali schiere si sarebbe costituito, come vedremo, il Ducato di Benevento.
Alla sottomissione di Cividale fecero seguito quelle di Treviso e poi di Aquileia, il cui Metropolita era stato presto a mettersi in salvo, fuggendo a Grado.
Si impone qui una precisazione: quando i Longobardi giunsero in Italia avevano già da qualche tempo abbracciato, almeno formalmente, l'eresia Ariana. Tale confessione religiosa non era peraltro eccessivamente sentita, né erano scomparse le antiche credenze pagane; e tuttavia i Vescovi delle varie città sottomesse, nonostante le rassicurazioni di Alboino, non dovettero nutrire una grande fiducia o simpatia nei confronti dei nuovi padroni.
Non fu certo questo a fermare l'avanzata dei Longobardi; questi, percorrendo l'antica strada nota come Via Postumia, dopo Aquileia giunsero a Vicenza e a Verona, conquistate senza colpo ferire. Altrettanto semplice fu la presa di Milano, il cui Metropolita era fuggito, in questo caso a Genova: dopo un'iniziale resistenza la città venne consegnata ad Alboino in seguito a una sommossa.
Ci si è molto interrogati sulle ragioni dell'estrema facilità dell'avanzata longobarda nel nord; una prima ed efficace opposizione alla conquista, a quanto ci dice Paolo Diacono, fu attuata solo da Pavia, che secondo il nostro cronista resistette per più di tre anni (per questo episodio, argomento tanto

▶ **Clefi fu Re dei Longobardi e Re d'Italia dal 572 al 574.** Dopo la morte di Alboino, ucciso nel 572 nella congiura ordita dalla moglie Rosmunda, i trentacinque duchi longobardi riuniti a Pavia, appena conquistata, elessero Clefi come suo successore, secondo Re longobardo d'Italia.

Cleph (also Clef, Clepho, or Kleph) was king of the Lombards from 572 to 574. He succeeded Alboin, to whom he was not related by blood. He was a violent and terrifying figure to the Romans and Byzantines struggling to maintain control of the peninsula.

◀ **Cividale del Friuli Tempietto Longobardo**, particolare della lunetta del portale.

Cividale Tempietto Longobardo Westportal Lunette Detail

stimolante quanto controverso, si veda la breve trattazione scritta in calce al testo principale). Le spiegazioni fornite sono state molteplici: la scarsa simpatia della popolazione italica per il governo bizantino, la disorganizzazione che era seguita alla destituzione di Narsete, l'aiuto cercato da Alboino presso gli ultimi gruppi di Goti ancora presenti sul territorio. C'è anche chi sottolinea la fase critica che stavano vivendo i rapporti tra Bisanzio e l'Impero persiano, cosa che obbligava l'Impero bizantino a concentrare la sua attenzione a est. Alcuni, infine, riprendono l'ipotesi dell'alleanza tra Longobardi e Bizantini contro i Franchi, facendo notare come Alboino, per avanzare più velocemente, abbia tralasciato di prendere possesso di molte città situate sulla costa orientale e nella parte sud della Lombardia; l'intento, insomma, sarebbe stato quello di assicurarsi alle spalle una serie di presidi, il che gli avrebbe permesso di controllare più agevolmente il territorio, prima di attaccare i Franchi. Ogni ipotesi è degna di essere valutata; va comunque fatto notare che i Longobardi erano piuttosto inesperti nell'assediare città e nel navigare, cosa che avrebbe reso sicuramente difficoltoso prendere città costiere o fortificate che avessero opposto una qualche resistenza.

Le città di volta in volta conquistate non si potevano, come si capirà, lasciare sguarnite. In molte di esse (non in tutte), pertanto, Alboino insediò un *Duca*: era costui una sorta di capo militare che stava al vertice di vari gruppi di famiglie, o *fare*, legate al Duca da vincoli di parentela o fedeltà. Paolo Diacono ci informa che quando Alboino assegnò Cividale al nipote Gisulfo, questi prima di accettare gli chiese di poter scegliere alcune fare, che sarebbero rimaste con lui nella città. Strutture di questo tipo tendevano per loro stessa natura ad essere relativamente indipendenti dal potere del Re; e le sollevazioni di duchi ribelli furono di fatto un problema per tutta la durata del Regno longobardo.

Per quanto riguarda gli insediamenti, storici ed archeologi sembrano ormai concordi nell'affermare che, se i duchi si stanziarono in città, i centri rurali non vennero certo dimenticati dal resto del popolo. Molti siti ubicati in zone di campagna erano infatti situati in posizioni favorevoli da un punto di vista strategico, o vantaggiose per la vicinanza a vie di comunicazione; e non è certo illogico ritenere che i Longobardi abbiano sfruttato ciò che ebbero a disposizione.

Molti ricchi proprietari terrieri furono eliminati dagli invasori allo scopo di impadronirsi dei loro possedimenti, altri divennero loro tributari. La pagina più atroce di questa politica di sterminio fu scritta durante il periodo della cosiddetta "anarchia Ducale", che influirà pesantemente sulla fama dei Longobardi fino ad anni recenti, e di cui parleremo a breve. Per la maggior parte del popolo, invece, l'invasione dei Longobardi costituì semplicemente un cambio di padrone; e si è già detto dell'ipotesi che vuole la calata dei barbari salutata con favore dalla popolazione italica, esasperata dalla pesante tassazione bizantina. I Longobardi, certo, non dovettero andarci leggeri con violenze e saccheggi, ma d'altra parte Paolo Diacono ci informa di come Alboino ebbe non di rado un comportamento umano nei confronti delle città sottomesse: agli abitanti di Pavia, che pure lo avevano fatto penare per tre lunghi anni prima della caduta della città, egli non fece alcun male, né infierì su coloro che risiedevano nelle varie città che gli si erano consegnate. È pur vero che è assai difficile stabilire la reale portata

di questi atti di magnanimità tramandatici dal nostro cronista, ma la storia stessa è innegabilmente testimone di una successiva fusione, forse inizialmente solo culturale, dell'elemento romanico con quello germanico; fusione che, in ogni caso, pare sia stata più precoce di quanto non attestino le fonti, tanto che gli archeologi escludono, sulla base dei ritrovamenti finora esaminati, che le inumazioni con oggetti e gioielli tipicamente germanici siano sempre rimaste riservate al solo elemento germanico della popolazione. È bene inoltre ricordarsi la profonda diversità culturale che separa l'epoca altomedievale e quella attuale: avvenimenti e azioni che noi oggi possiamo giudicare detestabili e odiose,

▲ **Guerrieri e civili longobardi**. Schizzo eseguito da Nadir Durand.

Guerrieri e civili longobardi. Schizzo eseguito da Nadir Durand.

◄ **Paolo Diacono (in latino Paulus Diaconus, pseudonimo di Paul Warnefried o anche Paolo di Varnefrido,** nasce a Cividale del Friuli nel 720 e morirà a Montecassino nel 799. E' stato un monaco, storico, poeta e scrittore longobardo di espressione latina. Qui è raffigurato in un manoscritto alto medievale.

Paul the Deacon (c. 720s – 799), also known as Paulus Diaconus, Warnefred, Barnefridus and Cassinensis, (i.e. "of Monte Cassino"), was a Benedictine monk and historian of the Lombards.

◄ **L'entrata trionfale di Alboino in Ticinum (Pavia)** dopo la caduta della città in mano ai Longobardi nel 572.

Alboin's triumphal entry in the Roman city of Ticinum (Pavia) after the fall of the town to the Lombards in 572.

► **Altare del Duca Ratchis,** 730-740, museo cristiano di Cividale del Friuli.

Altar of Duke Ratchis, 730-740, Christian museum of Cividale.

scorribande, saccheggi, violenze e uccisioni, erano in quel tempo difficile, tumultuoso e denso di pericoli fatti molto più comuni e avvertiti come inevitabili. Ci si guardi bene dal lasciarsi andare a facili giudizi, perché si correrebbe il grave rischio di osservare avvenimenti storici senza contestualizzarli nella loro epoca. Ora, la capitale del Regno longobardo, è cosa risaputa, fu Pavia. La città, tuttavia, assurgerà a tale dignità solo più avanti; e difatti Alboino scelse di insediarsi a Verona, situata in posizione significativa da un punto di vista strategico e già residenza favorita di Teodorico.

Fu proprio a Verona che Alboino trovò la morte, nell'anno 572. Vediamo come Paolo Diacono ci narra l'episodio: si è già detto che il Re, alla morte di Clodisvinta, prese come seconda moglie Rosmunda, figlia del Re dei Gepidi, e di come Alboino avesse ricavato una coppa dal cranio di costui, perito nel corso di una battaglia proprio contro i Longobardi. Ebbene successe che Alboino, durante un banchetto, diede ordine di servire da bere alla regina proprio in quella coppa, invitando la moglie, *dulcis in fundo*, a brindare insieme a suo padre. Paolo Diacono ci dice peraltro che Alboino era *"ultra quam oportuerat laetus"*, ovvero "più allegro di quanto non fosse stato opportuno"; e tuttavia Rosmunda non fu certo divertita dal comportamento quantomeno poco elegante del marito, e, offesa, cominciò a meditare di ucciderlo.

La regina si consigliò quindi con Elmichi, armigero del Re, il quale le suggerì di rendere partecipe della congiura anche Peredeo, un uomo, come vedremo, di notevole forza fisica; ma costui rifiutò di tradire Alboino. Rosmunda allora si sostituì alla cameriera con la quale Peredeo era solito giacere, e quando questi comprese di aver passato la notte con la regina era troppo tardi: non gli restava altro da fare se non uccidere il Re, prima che Alboino scoprisse il fatto. Dietro consiglio di Peredeo Rosmunda legò la spada del marito, mentre quest'ultimo era assopito, alla testata del letto, in modo che non la si potesse muovere né estrarre; e per finire fece entrare nella stanza Elmichi, che aveva il compito di eliminare il Re. Alboino tuttavia si svegliò improvvisamente e, resosi conto di ciò che stava accadendo, tentò subito di svellere la spada; non riuscendovi, si difese per qualche tempo con uno sgabello, ma alla fine dovette soccombere ai colpi del suo assassino.

I cospiratori non ebbero il tempo di compiacersi della loro infamia: Elmichi tentò, a onor del vero, di usurpare la carica che fu di Alboino; ma i Longobardi, addolorati per la morte del loro sovrano, provarono ad ucciderlo per vendicarne la memoria. I tre allora fuggirono a Ravenna, sotto la protezione del prefetto bizantino Longino, mandato da Giustino II in sostituzione di Narsete; e Rosmunda portò con sé la figlia Albsuinda e il tesoro del regno. Ora, giunti i traditori a Ravenna, Longino propose a Rosmunda di eliminare Elmichi per poi sposarlo; Rosmunda, che probabilmente si immaginava già signora di Ravenna, acconsentì. L'arma prescelta fu questa volta una coppa di veleno, ma Elmichi, dopo aver bevuto, si accorse dell'inganno e costrinse la donna a terminare la coppa; e in questo modo miserabile i due perirono.

Dopo la loro dipartita Longino inviò Albsuinda, Peredeo e il tesoro dei Longobardi a Costantinopoli. Qui Peredeo uccise un leone davanti a Giustino II, il quale, impaurito da una simile prova di forza, gli fece cavare gli occhi; al che Peredeo, per vendicarsi, assassinò due consiglieri dell'Imperatore.

Questi i fatti come ce li espone Paolo Diacono; ma è forse possibile intravvedere, dietro l'uccisione di Alboino, la *longa manus* di Bisanzio. L'Impero d'oriente, lo abbiamo già visto, era impossibilitato a combattere i Longobardi con le armi, complici le varie ragioni precedentemente riportate; è pertanto plausibile che si sia optato per eliminare il nemico tramite espedienti e sotterfugi. La prova di questa occulta presenza bizantina nella congiura sarebbe, è evidente, la fuga dei cospiratori a Ravenna, dove il prefetto dell'Imperatore poteva offrire loro protezione.

Morto Alboino i Longobardi elessero Re Clefi, che Paolo Diacono definisce "uomo nobilissimo" ma non Duca. Costui inaugurò una politica di violenza nei confronti dei Romani, in particolare verso i proprietari terrieri; politica che in seguito alla sua uccisione, avvenuta dopo circa due anni di regno, proseguì per un periodo di circa dieci anni, durante i quali i Longobardi non si diedero un Re. Questo lasso di tempo, cui si è precedentemente accennato, è noto come "anarchia Ducale"; e difatti il potere fu nelle mani dei duchi delle varie città precedentemente conquistate. Paolo Diacono cita per nome solo quelli di Pavia, Bergamo, Brescia, Trento e Cividale, ma assicura che, oltre a queste, vi erano

altre trenta città Ducali. Dovette essere un periodo certo difficile ed oscuro: molti nobili romani furono uccisi, altri resi tributari; furono inoltre saccheggiate numerose chiese e decimati i sacerdoti. Vi sono, ancora una volta, numerose teorie che tentano di offrire una spiegazione al perché, durante questo lasso di tempo, i Longobardi non scelsero un Re. Una di esse postula che questo periodo, definito anche interregno, sia stato una reggenza: i duchi, insomma, tennero il potere in attesa che Autari, figlio di Clefi ma ancora fanciullo, fosse in grado di salire al trono. In questo caso il fatto che i duchi, all'avvento di Autari (584), si privassero di metà dei loro beni onde ricostituire il patrimonio regio, notizia tramandataci da Paolo Diacono, sarebbe da intendersi unicamente come una restituzione al Re dei possedimenti già in precedenza appartenenti alla corona, e solo momentaneamente presi in gestione dai duchi. Altri invece sostengono che l'interregno fu un'autentica mancanza di Re, figura che d'altra parte i duchi non dovevano certo ritenere indispensabile; anzi, viste le loro mire ad un'espansione territoriale, testimoniate dalle conquiste effettuate durante il periodo di anarchia, il monarca sarebbe forse stato di intralcio. I duchi, in effetti, allargarono in questo tempo il loro territorio, sottomettendo parte della Tuscia (all'incirca l'attuale Toscana), molte città situate lungo la Via Emilia (che collegava Piacenza e Ravenna) e parte della zona nord occidentale della penisola (come vedremo, infatti, ci saranno Re provenienti da Torino).
Questa volta, di fronte a una tale politica di conquista, Giustino II non rimase inerte: nel 576 inviò nella penisola una spedizione guidata dal generale Baduario con il compito di contrastare i Longobardi. Questo tentativo tuttavia fallì, e le truppe bizantine furono miseramente sconfitte.
Spostiamo ora per un istante il nostro sguardo più a sud: si è detto che già dalla fine della guerra greco – gotica erano presenti nel Mezzogiorno schiere di guerrieri Longobardi. Costoro furono la base sulla quale, probabilmente nel 576, venne costituito il Ducato di Benevento. All'incirca nello stesso periodo prese vita, chiaramente più a nord, il Ducato di Spoleto; osserviamo questi avvenimenti più nei dettagli.
Per quanto riguarda il Ducato di Benevento, Paolo Diacono riporta una leggenda, senza peraltro tenerla in grande considerazione: egli narra che Autari, dopo essere divenuto Re, giunse a Benevento dopo aver precedentemente attraversato Spoleto. Dopo aver conquistato la zona il Re proseguì verso sud, fino a Reggio, e qui raggiunse una colonna situata in mezzo al mare, la colpì con la sua lancia e pronunciò queste parole: "Fino a qui giungeranno i confini dei Longobardi". Subito dopo Paolo Diacono ci informa che il primo Duca di Benevento fu Zotto. È assai inverosimile che Autari, impegnato, come vedremo, a contrastare i Franchi a nord, si sia spinto fino a Reggio. Vi sono inoltre alcuni problemi per quanto riguarda la datazione: sappiamo che Zotto regnò per circa 20 anni e che, verso il 590, gli successe Arechi. In questo modo, tuttavia, Zotto avrebbe dovuto essere nominato Duca attorno al 570, cioè al tempo di Alboino, che è un'ipotesi senz'altro da respingere. Il Ducato di Benevento, in conclusione, fu probabilmente istituito da Zotto negli anni dell'interregno, in seguito

ad un'iniziativa personale e fuori da qualsivoglia pianificazione regia. Zotto fu forse il capo di qualche fara che, approfittando del periodo confuso e incerto che stava attraversando il Regno, si spinse a sud con i suoi guerrieri; giunto nella zona di Benevento e conquistata l'area, con l'aiuto della componente longobarda ivi stanziata precedentemente, il territorio venne organizzato in modo simile a quello degli altri Ducati. Fu Arechi, nei suoi 50 anni di regno, a realizzare una consistente espansione territoriale; egli infatti sottomise Capua e Salerno, oltre a varie zone della Campania, Basilicata e Calabria. Non gli riuscì, tuttavia, l'impresa di conquistare Napoli. Benevento si configurò gradualmente come la capitale di questo vasto territorio.

Incerti sono anche gli eventi che portarono alla formazione del Ducato di Spoleto. Molto accreditata è l'ipotesi che un longobardo di nome Faroaldo, comandante militare agli ordini dell'Imperatore di Bisanzio, fosse giunto in Italia al seguito della spedizione di Baduario. Dopo il fallimento dell'offensiva bizantina, Faroaldo avrebbe tradito l'Impero e preso l'importante porto di Classe, a poca distanza da Ravenna. Negli anni successivi, infine, in seguito ad una politica di espansione territoriale nella zona centrale della penisola, egli avrebbe costituito il Ducato di Spoleto, di cui fu il primo Duca. Resta comunque plausibile anche l'ipotesi che Faroaldo fosse uno dei 35 duchi del periodo di interregno; costui, spintosi a sud in modo non dissimile a Zotto, avrebbe approfittato del momento di insicurezza per realizzare un'autonoma politica di conquista.

A prescindere da ipotesi e teorie, è comunque certo che la formazione di questi due Ducati non avvenne in seguito a un consapevole intervento del Re; e difatti essi si mantennero sempre relativamente indipendenti dal Regno longobardo del nord. Questa indipendenza fu anche favorita dalla situazione territoriale della penisola: anche al momento della massima espansione longobarda, infatti, i domini italiani che restavano in mano a Bisanzio separavano nettamente la cosiddetta "Langobardia Minor" (così viene comunemente chiamata l'area comprendente i Ducati di Spoleto e Benevento) dalla "Langobardia Maior" (il Regno longobardo del nord). I Bizantini infatti tennero sempre più o meno saldamente il cosiddetto Esarcato (corrispondente all'incirca all'attuale Romagna) con la Pentapoli (le cinque città di Rimini, Pesaro, Fano, Senigallia e Ancona) e parte del Lazio, compresa Roma. Ora, questi territori erano collegati fra loro dal cosiddetto "corridoio del Tevere" e dalla città di Perugia; i domini longobardi risultavano così spezzati in due.

Anticipiamo qui brevemente che gli altri territori controllati in modo abbastanza costante dai Bizantini durante il Regno longobardo, pur fra alterne vicende, furono l'Istria, Venezia, la Corsica,

▶ **Agilulfo fu Re dei Longobardi e quarto Re d'Italia dal 591 al 616.** Succedete ad Autari che a sua volta divenne Re dopo Clefi. Ne sposò anche la vedova, la regina Teodolinda.
Agilulfo morì a Milano nel 616, dopo 25 anni di regno, primo Re longobardo in Italia a morire di morte naturale.

Agilulf called the Thuringian, was a duke of Turin and king of the Lombards from 591 until his death in the 616.

◀ **Il battistero di Callisto** Cividale del Friuli, museo cristiano.

The baptistery of Callistus Cividale, Christian museum.

la Sicilia, la Sardegna, Napoli e alcune zone costiere campane, buona parte della Calabria, la zona costiera della Basilicata e quasi tutta la Puglia. La Liguria, come vedremo, sarà conquistata nel settimo secolo dal Re Rotari.

Torniamo ora al Regno longobardo del nord e al 584, anno in cui Autari salì al trono. Se non si prende per buona l'ipotesi della reggenza che abbiamo precedentemente esposto, ci si potrebbe legittimamente domandare perché mai i duchi vollero tornare a darsi un Re, dato l'evidente ingombro che questa figura costituiva per la loro libertà di azione. La ragione più plausibile è che un sovrano era necessario per contrastare più efficacemente il pericolo costituito dalle continue scorrerie che i Franchi stavano effettuando nel Regno longobardo.

Fin dai tempi di Alboino, a onor del vero, c'erano stati attriti fra i due popoli; Paolo Diacono, relativamente a questo periodo, testimonia diverse spedizioni dei Longobardi nel territorio dei vicini. Dedichiamo a questi avvenimenti un breve *excursus*.

A una prima, vittoriosa campagna, datata all'anno 570, seguì, l'anno successivo, una seconda spedizione; questa volta però i Longobardi furono affrontati e sconfitti dal patrizio Mummolo, che li costrinse a ripiegare.

Nel 572 è il numeroso gruppo sassone, migrato in Italia al seguito dei Longobardi, a tentare una spedizione in Gallia; ma di nuovo trovarono sulla loro strada Mummolo, che li respinse dopo una dura battaglia. Nel 573 i Sassoni prendono la decisione di tornare in Germania. Perché questa scelta? Gregorio di Tours, nella *Historia Francorum* sostiene che non fu un'autonoma decisione, ma una condizione imposta da Mummolo dopo la vittoria dell'anno precedente. La fonte è senz'altro di parte e non è in accordo con la *Historia Langobardorum*, che sostiene che i Sassoni se ne andarono perché non vollero essere assimilati alle tradizioni e consuetudini della assai più numerosa componente longobarda. Qualunque fosse la ragione, i Sassoni attraversarono, non senza pericoli, le Gallie, e ritornarono alle terre che avevano lasciato alcuni anni prima. Purtroppo la zona era stata nel frattempo occupata dagli Svevi, che, onde evitare uno scontro, provarono a trattare con i nuovi arrivati, offrendo loro la maggior parte della terra e tutto il bestiame. I Sassoni tuttavia rifiutarono qualsiasi accordo e si prepararono alla guerra; duramente sconfitti per ben due volte dagli Svevi, dovettero rinunciare alla lotta.

E gli scontri con i Franchi proseguivano: nel 575 una spedizione guidata da alcuni duchi venne ancora respinta da Mummolo, sconfitta che costò ai Longobardi le valli di Susa e di Aosta, di importanza strategica non secondaria. In seguito i Franchi conquistano il castello di Non, in Trentino, ma vengono poi sconfitti dal Duca di Trento, Ewin.

Nello stesso anno venne ucciso Sigeberto, Re dei Franchi, a cui successe il figlio Childeberto II, ancora fanciullo. La reggenza del governo ricadde quindi sulla madre, Brunechilde.

Nel 578 morì anche Giustino II, cui successe Tiberio II Costantino. Quando costui, nel 582, spirò per malattia, divenne Imperatore Maurizio, un abile e vittorioso generale.

Ora, leggendo Paolo Diacono sembra che, dopo l'elezione di Autari, Maurizio avesse offerto una notevole quantità di oro a Childeberto II affinché liberasse l'Italia dai Longobardi; in realtà sembra più probabile che la spedizione franca sia stata condotta prima dell'elezione del nuovo Re. La campagna, in ogni caso, si concluse con un nulla di fatto: i Longobardi, asserragliati nelle loro città, diedero evidentemente notevoli problemi ai Franchi, che alla fine accettarono il pagamento di un tributo da parte degli avversari e tornarono alla loro terra.

Si comprenderà ora meglio il motivo per cui i duchi decisero di eleggere un nuovo Re: era l'espressione della volontà di avere un punto di riferimento comune, che potesse unire tutto il popolo e fronteggiare i numerosi problemi con i Franchi e i Bizantini, per risolvere i quali l'instabilità e la confusione che dilagavano ovunque entro il Regno non erano certo di alcun giovamento. Con Autari, inoltre, cessarono anche le violenze del periodo di interregno verso la popolazione autoctona: il Re era anche il garante di una condizione di pace e tranquillità interni.

Si è a lungo dibattuto sulla possibilità di una sopravvivenza dell'antica aristocrazia senatoria al periodo di anarchia; anche se non c'è modo di avere certezze, si è qui favorevoli all'ipotesi che alcuni esponenti di questo gruppo siano scampati allo sterminio effettuato dai duchi, rimanendo vicino al nuovo Re in posizioni di relativo potere. Prova ne sarebbe, ad esempio, l'assunzione da parte di Autari dell'appellativo di origine imperiale *flavius* (peraltro già utilizzato da Teodorico), con il quale egli voleva evidentemente manifestare un collegamento con le tradizioni italiche.

Durante il suo regno Autari istituì la figura del *gastaldo*, una sorta di ufficiale dipendente dal sovrano e incaricato di amministrare le proprietà della corona; i gastaldi tuttavia assunsero gradualmente anche compiti di controllo nei confronti dei vari duchi per conto del Re.

Autari dovette immediatamente affrontare la defezione del Duca Droctulfo, passato dalla parte di Bisanzio e arroccatosi a Brescello; dopo che la città fu conquistata, Droctulfo si rifugiò a Ravenna e negli anni successivi fu di supporto all'Impero nella lotto contro i Longobardi. Anche grazie al suo aiuto poté essere riconquistata Classe, negli anni 585 - 586.

In questo periodo si verificarono anche numerosi attriti tra Visigoti e Franchi, cui seguì un conflitto che vide la vittoria di questi ultimi. La vicenda che costituì la causa scatenante della diatriba ci viene tramandata in questo

▶ **La Croce di Agilulfo è una croce in oro,** tra i capolavori dell'oreficeria longobarda, risalente all'inizio del VII secolo e conservata a Monza nel tesoro presso il Museo Serpero (Museo del Duomo).

The golden Cross of Agilulf, a Lombard goldsmith masterpieces dating from the early seventh century. Preserved in the treasury at Monza Serpero at the Museum (Museo del Duomo).

◀ **Teodolinda, regina dei Longobardi,** sposa Agilulfo, Duca di Torino. Affresco dello Zavattari del 1444 nel duomo di Monza.

Theodelinda, queen of the Lombards, married Agilulf, duke of Turin. Zavattari's fresco in the church of Monza.

▲ Mappa dell'Italia longobarda secondo le indicazioni di Paolo Diacono.

Map of Lombard Italy from the indications of Paolo Diacono.

modo: Childeperto aveva dato in sposa la sorella Ingunde ad Ermenegildo, figlio del Re dei Visigoti. Egli, forse su esortazione della moglie, cattolica, si decise ad abbandonare l'eresia ariana, cui era fedele la maggior parte del suo popolo. Il padre, ariano, non ne fu affatto contento, e lo uccise. Ingunde tentò quindi di fuggire portando con sé il figlio, ma fu catturata dalle milizie imperiali stanziate presso il confine del Regno visigoto; fu quindi condotta in Sicilia, ove rimase fino al termine dei suoi giorni. Il figlio fu invece inviato a Costantinopoli. Questa circostanza giocò a favore dell'Imperatore Maurizio, che inviò una seconda ambasceria a Childeperto con l'incarico di chiedere un nuovo intervento contro i Longobardi; Childeperto, ritenendo ancora in vita la sorella, accettò, ma a causa di alcuni dissensi sorti tra i comandanti dell'esercito la spedizione si risolse in un nulla di fatto.

Successivamente Autari effettuò altre due spedizioni militari: una di esse portò al saccheggio della zona costiera veneta, l'altra ebbe come risultato la conquista dell'Isola Comacina.

Gregorio di Tours e Paolo Diacono sono a questo punto concordi nel riportare la vicenda che ebbe come esito, nel 588, l'ennesimo scontro tra Franchi e Longobardi. Avvenne che Autari chiese a Childeperto di concedergli in sposa la sorella; il Re franco, dopo aver inizialmente acconsentito, rinnegò il patto, preferendo utilizzare la sorella per legarsi ai Visigoti, e inviò alcuni uomini all'Imperatore Maurizio per informarlo di aver preso la decisione di impegnarsi seriamente in una guerra con i Longobardi. Le truppe franche, tuttavia, furono duramente sconfitte.

Svanita pertanto la possibilità di un'alleanza matrimoniale con i Franchi, Autari pensò di chiedere a Garibald, Re dei Bavari (un popolo germanico stanziatosi nell'attuale Baviera verso la fine del V secolo), la mano di sua figlia Teodolinda.

Ebbene, Paolo Diacono tramanda che Autari, ottenuto il consenso al matrimonio da parte del sovrano, volle recarsi di persona, ma in incognito, a contemplare la futura moglie; giunto presso i Bavari Autari ebbe infine l'occasione di vedere la promessa sposa, della quale riuscì a sfiorare un dito mentre quest'ultima le porgeva una coppa di vino. Congedatosi da Garibald, che gli offrì una scorta per accompagnarlo durante il viaggio di ritorno, Autari, giunto in prossimità dei confini del Regno, si rizzò improvvisamente sul suo cavallo e, giusto per dare una modesta dimostrazione di forza, scagliò la sua ascia contro un albero. Tale fu la potenza del colpo che l'arma rimase conficcata nel tronco; al che il Re commentò con la famosa frase "Così ferisce Autari", e i Bavari che erano con lui infine lo riconobbero.

Il matrimonio venne infine celebrato nel 589, quando Teodolinda fu costretta a fuggire dalla sua terra per un attacco dei Franchi e riparò in Italia.

È incerto se tale attacco precedette la spedizione franca contro i Longobardi del 588 oppure una seconda, datata appunto al 589, che Autari riuscì a scongiurare offrendo a Childeperto il pagamento di un tributo. I pericoli, tuttavia, non erano cessati: nel 590, infatti, fece ritorno in terra franca Grippo, un ambasciatore inviato da Childeperto a Bisanzio per concludere l'alleanza con l'Imperatore. La guerra stava per ricominciare, e questa volta Franchi e Bizantini avrebbero fatto fronte comune contro i Longobardi. La situazione, per Autari, fu ulteriormente aggravata dal passaggio in campo avversario del Duca Gisulfo II del Friuli. Tutto insomma faceva presagire un esito tragico, ma le cose non andarono affatto come chiunque avrebbe potuto pensare.

I Longobardi, infatti, scelsero di contrastare i nemici arroccandosi nelle loro città. I Franchi, poco abili negli assedi, poterono certo sfogare la loro frustrazione sul territorio e conquistare alcuni castelli, ma non ottennero risultati significativi; nel frattempo le loro file erano gravemente indebolite dalla fame e dalle malattie. Le truppe promesse dagli ambasciatori bizantini tardavano ad arrivare, ed Autari, ben rinchiuso a Pavia, era imprendibile. Alla fine i Franchi, demoralizzati e scoraggiati, domandarono una tregua e se ne tornarono oltralpe.

Di chi fu la colpa di questa mancata vittoria, che sulla carta era già nelle mani della coalizione franco – bizantina? I due alleati, invero, si accusarono reciprocamente di aver mancato agli accordi precedentemente stipulati, che prevedevano la convergenza dei due eserciti su Pavia. La mancanza di intesa tra le parti, insomma, consentì la sopravvivenza del Regno longobardo.

È in questo periodo che Paolo Diacono colloca il viaggio che Autari avrebbe compiuto fino a Reggio, e a questo punto si capirà senza dubbio per quale motivo questo episodio è da ritenersi assolutamente improbabile: Autari aveva in quegli anni ben altro a cui pensare.

Il Re, dopo lo scampato pericolo, mandò alcuni ambasciatori a Guntramno, zio di Childeperto, per chiedergli di fare da mediatore con il nipote allo scopo di ottenere la pace. Poco dopo (590) il sovrano morì; il suo regno non sarebbe certo stato dimenticato. Contestata è la causa della morte: Paolo Diacono riporta la diceria che vorrebbe il Re deceduto per avvelenamento, ma non ci sono indicazioni simili nelle altre fonti. Autari potrebbe quindi essere morto naturalmente, ma l'ipotesi di una congiura volta ad assassinarlo non è da escludere, dato il numero non certo indifferente dei suoi nemici.

Alla regina Teodolinda fu concesso di scegliere un nuovo marito, che sarebbe divenuto anche il nuovo Re. La sua scelta ricadde su Agilulfo, Duca di Torino e di stirpe turingia. Stando a Paolo Diacono, peraltro, a costui era già stato predetto il suo destino regale in occasione del matrimonio di Autari e Teodolinda. Durante la cerimonia, infatti, un fulmine colpì il recinto del Re; Agilulfo, interrogato un indovino sul significato da attribuire a questo evento, seppe che esso profetizzava che Teodolinda sarebbe presto diventata sua moglie.

Alcuni, invece, sostengono che Agilulfo avrebbe sposato Teodolinda solo dopo aver conquistato il trono con la forza, onde legittimare la sua nuova posizione di Re.

Per prima cosa il sovrano portò a termine le trattative avviate da Autari, raggiungendo un accordo di pace con i Franchi; un secondo patto avente le medesime finalità fu poi stipulato anche con gli Àvari. Agilulfo si trovò anche a dover affrontare alcuni duchi che gli si erano ribellati, fra i quali Gaidulfo di Bergamo, sconfitto e perdonato per ben due volte, e Ulfari di Treviso; dopo aver soffocato la rivolta, intraprese e portò a buon fine una campagna di riconquista delle zone perdute nel 590, durante la guerra tra i Longobardi e la coalizione franco – bizantina.

I successi militari a nord furono senza dubbio favoriti dal fatto che nel 592 l'Esarca (cioè colui che governava i territori bizantini in Italia in nome dell'Imperatore) di Ravenna, Romano, fu impegnato nella riconquista di alcune località precedentemente occupate dal Duca di Spoleto, Ariulfo. Agilulfo volle anche infliggere una punizione esemplare al Duca di Perugia, passato nelle file dei Bizantini: dopo aver assediato ed espugnato la città ne decretò pertanto la morte. Il motivo principale per cui il Re volle intervenire in queste zone fu probabilmente quello di dare una dimostrazione di forza ai Duchi di Spoleto e Benevento, di cui temeva il passaggio in campo bizantino. Per la stessa ragione si recò quindi a Roma e pose l'assedio alla città. Il Papa, Gregorio Magno, era infatti sospettato di aver fatto da tramite tra i potenziali ribelli e l'Impero. Il Pontefice, comprensibilmente impressionato da questi eventi, decise quindi di concludere una duratura pace con il Re longobardo, aiutato in questo suo proposito dalla cattolica Teodolinda.

Grazie all'azione della regina, peraltro, si presume che in questo periodo sia cominciato il processo di conversione dei Longobardi al cattolicesimo. Teodolinda infatti fu grande fondatrice di edifici religiosi (fra i quali la Basilica di San Giovanni Battista a Monza), intrattenne amichevoli rapporti con il Papa, fece battezzare secondo il rito cattolico il figlio Adaloaldo, avuto da Agilulfo, favorì l'attività del monaco irlandese Colombano (poi divenuto Santo) concedendogli il terreno sul quale egli avrebbe poi fondato il famoso monastero di Bobbio. La conversione dell'intero popolo non fu comunque cosa rapida, e solo nel corso del VIII secolo poté dirsi completata. Agilulfo, che non pare essersi convertito alla fede cattolica, scelse tuttavia di non intralciare la politica della moglie, forse pensando ai vantaggi che gliene potevano derivare, o semplicemente disinteressandosene.

I rapporti tra il Pontefice e la regina, per quanto buoni, non furono mai idilliaci: le loro relazioni e corrispondenze dovettero essere sempre adombrate dal fatto che Teodolinda era pur sempre non del tutto in linea con la dottrina ufficiale promossa dalla Chiesa, la quale condannava alcuni scritti accettati un secolo prima al Concilio di Calcedonia. Una breve spiegazione servirà a chiarire meglio queste parole.

Nel 451 si tenne nella suddetta città un concilio religioso indetto dall'Imperatore d'Oriente, Marciano; fra la varie questioni che vi furono discusse, quella che ci interessa prendere in considerazione è la condanna della teoria monofisita, che attribuiva al Cristo la sola natura divina, la quale al momento dell'incarnazione avrebbe assorbito la natura umana. Facciamo ora un salto di circa cento anni, e torniamo al tempo di Giustiniano. L'Imperatore doveva in quel momento affrontare gravi problemi di tensione interna: dopo il concilio di Calcedonia, infatti, la dottrina monofisita, lungi dall'estinguersi, aveva prosperato e si era diffusa in varie zone dell'Impero, chiaramente intolleranti verso ciò che era stato stabilito un secolo prima nel corso del concilio religioso. Giustiniano, onde non inimicarsi questi territori, si trovò quindi costretto a emanare un editto, detto dei Tre Capitoli, con il quale respingeva, in quanto eretici, gli scritti di tre teologi (raccolti appunto in tre capitoli), tutti contrari alle dottrine monofisite, che erano stati al contrario accettati a Calcedonia. Il Papa, Vigilio, si oppose risolutamente all'Imperatore, ma, arrestato e condotto a Costantinopoli, fu obbligato a cedere. I Metropoliti di Milano e Aquileia (oltre naturalmente a buona parte della Chiesa occidentale), tuttavia, non si conformarono a quanto era stato imposto alla sede romana; lo scisma che ne derivò non si sarebbe ricomposto che alla fine del VII secolo. Con la calata dei Longobardi si ebbero nuovi sviluppi: i Metropoliti delle due città, come detto, all'arrivo degli invasori fuggirono rispettivamente a Genova e a Grado. Dalla città ligure tuttavia, il Metropolita rientrò in comunione con Roma, rigettando la fedeltà ai Tre Capitoli; la cosa non fece piacere alla diocesi di Como, che da quel momento si distaccò dall'arcidiocesi di Milano per entrare a far parte di quella di Aquileia. Il clero rimasto a Milano rimase invece a favore delle posizioni tricapitoline. Leggermente più articolato è il caso di Aquileia: nell'anno 606 il Re appoggiò il clero locale, che elesse un Metropolita fedele ai Tre Capitoli. A Grado, invece, venne eletto un Metropolita di parte avversa, probabilmente dietro pressione dell'Esarca, Smagrado.

▶ **La famosa Chioccia con i pulcini detta di Teodolinda** è un'opera di oreficeria longobarda risalente al V o al VI secolo. È conservata nel Museo Serpero di Monza.

The famous Teodolinda's hen with chicks is a work of Lombard jewelery dating from the V or VI century. It is preserved in the Museum Serpero Monza.

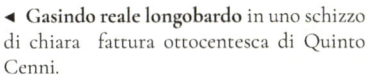

◀ **Gasindo reale longobardo** in uno schizzo di chiara fattura ottocentesca di Quinto Cenni.

A Lombard royal gasindo in a sketch clearly of nineteenth-century by Quinto Cenni

◄ **Arioaldo (o Ariovaldo)** fu Re dei Longobardi e Re d'Italia dal 626 al 636.
Duca di Torino della stirpe dei Caupu, ariano, Arioaldo fu marito di Gundeperga, figlia di Teodolinda e del Re Agilulfo.

Arioald was the Lombard king of Italy from 626 to 636. Duke of Turin, he married the princess Gundeberga, daughter of King Agilulf and his queen Theodolinda. He was, unlike his father-in-law, an Arian who did not accept Catholicism.

► **Ricostruzione di guerriero longobardo** conservato al museo archeologico di Bergamo. Foto dell'autore.

Reconstruction of Lombard warrior conserved in the archaeological museum of Bergamo. Photo by the author.

Le maggiori personalità del clero tricapitolino dovettero probabilmente essere vicino alla coppia reale in qualità di consiglieri. Tra questi il monaco Secondo di Non, più volte citato dallo stesso Paolo Diacono: per rendere l'idea della considerazione di cui godeva, basti dire che fu lui a battezzare Adaloaldo.

Tornando al regno di Agilulfo, nel 597 scoppiò una nuova ribellione dei Duchi. Questa volta nessuna grazia da parte del Re: i capi della rivolta, Zangrulfo di Verona, Warnecauzio e, di nuovo, Gaidulfo di Bergamo, vennero messi a morte.

Quattro anni dopo le forze bizantine attaccavano Parma e prendevano prigionieri la figlia di Agilulfo, suo marito Godescalco e i loro figli; contemporaneamente si ribellavano i Duchi di Trento e del Friuli, rispettivamente Gaidoaldo e Gisulfo II. La rabbiosa reazione del Re portò alla conquista di Padova, Monselice, Mantova e Cremona; con l'aiuto degli Àvari venne inoltre invasa e saccheggiata l'Istria. I Duchi ribelli, non a torto intimoriti, furono presti a riconciliarsi con Agilulfo.

L'Impero, in realtà, stava attraversando un periodo piuttosto incerto: nel 602, infatti, Maurizio era stato spodestato e ucciso dal centurione Foca, che divenne il nuovo Imperatore. Costui nominò un altro Esarca, Smagrado, che restituì ad Agilulfo il genero con tutta la sua famiglia. Da questo momento, a parte una breve parentesi bellica verso il 605, l'Impero e il Regno longobardo vissero un lungo periodo di tregua. Nel 610 Foca fu eliminato da Eraclio, che ne prese il posto in qualità di Imperatore. Egli dedicò la sua attenzione prevalentemente al lungo conflitto che l'Impero stava da tempo combattendo contro i Persiani, e solo marginalmente si occupò della questione longobarda. Già nel 604, invece, era deceduto il Papa, Gregorio Magno.

All'anno 610 è anche datato un attacco degli Àvari in Friuli, descrittoci profusamente da Paolo Diacono. Gli invasori, vinti in battaglia il Duca Gisulfo II e il suo esercito, espugnarono Cividale, ove si erano ritirati i superstiti, grazie al tradimento di Romilda, moglie di Gisulfo. La donna, infatti, infatuatasi del Re degli Àvari, decise di aprire le porte alle orde nemiche in cambio della promessa da parte di quest'ultimo di sposarla. La città venne quindi saccheggiata, e gli abitanti presi prigionieri e successivamente uccisi. Solo le donne e i bambini furono risparmiati e tenuti come schiavi. La traditrice Romilda ebbe modo di godere solo per breve tempo dell'oggetto dei suoi desideri: tenuta in moglie per una notte dal Re degli Àvari, fu poi infilzata su un palo mentre il consorte pronunciava le parole "Questo è il marito che ti meriti".

Ora, i quattro figli di Gisulfo riuscirono miracolosamente a scampare al massacro, ma uno dei tre maggiori ritenne che il più piccolo, di nome Grimoaldo, data la sua tenera età, non sarebbe stato in grado di sfuggire ai guerrieri che li inseguivano; scelse quindi di ucciderlo per risparmiargli la schiavitù. Grimoaldo tuttavia lo assicurò di essere in grado di cavalcare, e alla fine il fratello si convinse a lasciarlo in vita. Purtroppo il fanciullo fu effettivamente catturato da un Àvaro, che decise di tenerlo come schiavo. Grimoaldo, non certo entusiasta del destino che gli si prospettava, estrasse allora la sua spada e lo uccise, tornando subito dopo dai suoi fratelli. Un giorno costui diverrà Re dei Longobardi.

Evidenti sono le numerose caratteristiche che conferiscono al racconto un tono leggendario, ma quel che è necessario indagare di fronte a questo episodio è il motivo per cui gli Àvari, che con i Longobardi avevano stipulato già da anni un accordo di pace, avrebbero dovuto attaccare il Friuli. Ebbene, sembra assai probabile che lo stesso Agilulfo abbia richiesto questo intervento al Re degli Àvari. Come spiegare, altrimenti, la mancanza di reazione del Re longobardo a questa incursione? Il sovrano volle probabilmente eliminare alla radice il problema costituito dall'infido Duca Gisulfo II, che nel 601 era momentaneamente passato al campo bizantino.

Durante il regno di Agilulfo Pavia ancora non fu capitale: le città predilette del Re e della regina furono, rispettivamente, Milano e Monza. La scelta di Milano è molto chiara nei suoi propositi: quale città meglio della vecchia capitale imperiale poteva fornire ad Agilulfo la possibilità di creare una propria tradizione, discostandosi dai precedenti Re (nessuno di loro, infatti, aveva scelto Milano come propria residenza)? Il sovrano infatti mirava ad ottenere un risultato nuovo rispetto ai predecessori: rendere la successione regia dinastica, e non più elettiva. A questo proposito Agilulfo, nel 604, associò al trono il figlio Adaloaldo, tramite una cerimonia svoltasi nel Circo di Milano, con il chiaro scopo di riprendere la tradizione bizantina.

Il Re, tuttavia, non riuscì nell'intento di rendere ereditaria la corona; forse anche questa mancata evoluzione contribuì a creare quella situazione che, molti anni dopo, porterà alla fine del Regno longobardo.

Agilulfo morì nel 616, una volta tanto non di morte violenta. Adaloaldo, ancora minorenne, regnò per qualche tempo con il supporto della madre. Probabilmente a causa di una malattia mentale, nel 625 venne rimpiazzato con il cognato e Duca di Torino Arioaldo, il quale aveva sposato Gundeperga, sorella del Re. Nel 626 Adaloaldo morì; le cause del decesso ci sono ignote. Anche Teodolinda spirò in questi anni, ma la data precisa è incerta.

Anche la risibile politica di conquista militare portata avanti da Adaloaldo, che gli alienò senza dubbio le simpatie dei Duchi e in generale di un popolo di guerrieri quali erano i Longobardi, dovette avere una parte non secondaria nella destituzione del sovrano. A quanto ci è dato sapere, infatti, il Re non proseguì l'espansione territoriale del regno, contrariamente a quel che aveva fatto, almeno per un certo periodo, il padre Agilulfo.

Di Arioaldo e del suo regno sappiamo ben poco, a causa di un curioso ed inspiegabile vuoto nelle fonti, a cominciare dallo stesso Paolo Diacono. Le mancanze, tuttavia, si riscontrano anche nelle fonti franche e bizantine. Sappiamo che il nuovo Re fu probabilmente ariano; anche per questo motivo scelse di risiedere a Pavia, onde ricollegarsi alla tradizione gotica in Italia. I Goti infatti erano ariani, e Pavia fu sede della loro ultima resistenza al tempo della guerra greco – gotica.

Arioaldo morì nel 636. Alla moglie Gundeperga fu allora concesso, come avvenne per la madre Teodolinda, di scegliersi un nuovo marito e Re. La regina optò per Rotari, Duca di Brescia, durante il regno del quale Pavia assurgerà definitivamente al rango di capitale.

Il Re operò una politica di conquista con l'intento di ampliare il Regno a nord, a spese dei residui possedimenti bizantini. Come precedentemente anticipato, infatti, conquistò la Liguria e, a est, Oderzo (nell'attuale Veneto). Nel 643 combatté con le milizie bizantine una dura battaglia sul fiume Scultenna, nell'Emilia-Romagna. La vittoria che il sovrano riuscì a cogliere gli consentì di proseguire la sua politica di espansione, e di sottomettere al dominio longobardo la quasi totalità dell'Italia settentrionale. Va detto che l'Impero bizantino era in quegli anni impegnato a fronteggiare gli Arabi, che nel 642 avevano preso possesso dell'Egitto e stavano mettendo in pericolo la stessa sopravvivenza dell'Impero, già indebolito dall'estenuante conflitto con i Persiani.

Rotari fu probabilmente ariano, ma, come Agilulfo, non intralciò la diffusione del cattolicesimo, che negli anni del suo regno registrò un notevole allargamento. La regina Gundeperga poté quindi proseguire la politica di supporto alla religione cattolica cominciata dalla madre, fondando la Basilica di San Giovanni a Pavia. Paolo Diacono sostiene peraltro che in quel tempo erano presenti in quasi tutte le città del regno un vescovo cattolico e uno ariano, ma la notizia non viene generalmente accettata; se ne può tuttavia essere ragionevolmente sicuri a proposito di Pavia, poiché Paolo Diacono ci informa della presenza di un vescovo ariano (poi convertitosi al cattolicesimo) che ebbe come residenza una Basilica dedicata a Sant'Eusebio. Questa intitolazione dovette peraltro essere sicuramente successiva alla conversione del prelato, poiché Sant'Eusebio fu in vita un fiero oppositore dell'eresia ariana. Va inoltre aggiunto che in seguito alla presa di Genova la sede arcivescovile tornò a Milano.

La figura di Rotari, tuttavia, più che ai suoi indiscutibili successi militari o ai fatti inerenti alla religione, è legata al celebre Editto del 643, passato alla storia con il suo nome. L'Editto fu promulgato a Pavia, durante un'assemblea del popolo in armi, e redatto da un notaio di nome Ansoaldo. Il documento fu scritto in latino, ma non si ha ancora modo di sapere se esso fosse destinato alla sola componente germanica della popolazione o anche a quella romana. L'Editto, nonostante sia più che altro una raccolta scritta di norme consuetudinarie del popolo longobardo, riveste tuttavia un'importanza assolutamente centrale, sia perché testimonia il passaggio in corso ad una cultura scritta e non più solo orale, sia perché il documento è una delle poche fonti scritte di cui disponiamo risalenti al settimo

◄ **Rotari (in latino Rothari, in antico tedesco Chrothar)** nasce a Brescia nel 606 e muore a Pavia nel 652. fu Re dei Longobardi e Re d'Italia dal 636 al 652. La fama di Rotari è legata soprattutto al celebre Editto, promulgato nel novembre 643, con il quale codificò il diritto longobardo rimasto fino ad allora legato alla trasmissione orale. L'Editto apportò significative innovazioni, come la sostituzione dell'antica faida (vendetta privata) con il guidrigildo (risarcimento in denaro), e limitò fortemente il ricorso alla pena capitale.

Rothari (or Rothair), of the house of Arodus, was king of the Lombards from 636 to 652; previously he had been duke of Brescia. He succeeded Arioald.

► Ilustrazione presente in un manoscritto dell'Editto di Rotari.

Illumination of a manuscript of the Edict of Rothari

secolo. Al suo interno spicca la centralità della *curtis regia*, che indicava la totalità dei beni pubblici e la struttura di funzionari che li amministrava; la *curtis regia* era quindi la base sulla quale il Re fondava le sue ricchezze. Un altro famoso punto dell'Editto fu l'istituzione di multe per punire i colpevoli dei vari reati, misura atta a scongiurare la formazione di nuove ed interminabili *faide*: vere e proprie guerre, per quanto limitate ad un certo numero di famiglie, che si scatenavano in seguito alla perpetrazione di un'offesa verso un determinato lignaggio, che cercava poi di ottenere soddisfazione con la violenza. Il sistema di multe stabiliva il valore (guidrigildo) della persona offesa e la gravità del danno subito, in modo che il colpevole potesse porre rimedio al suo reato tramite il pagamento di una tariffa, una parte della quale, peraltro, andava al Re. Non di rado, infine, il pagamento della multa doveva essere effettuato in terre; i possedimenti regi erano pertanto in continua crescita. L'Editto sopravvivrà a lungo, tanto che i successori di Rotari vi apporteranno una serie di modifiche.

Rotari morì nel 652. Gli successe al trono il figlio Rodoaldo, il cui poco significativo periodo di regno fu bruscamente interrotto dopo pochi mesi: venne infatti ucciso, ci dice Paolo Diacono, da un Longobardo la cui moglie era stata violata dal Re.

Nel 653 venne quindi eletto Ariperto, figlio del fratello di Teodolinda, di cui sappiamo che fece edificare la Basilica del Salvatore a Pavia; diversamente dai predecessori fu infatti un Re cattolico e non ariano. È incerto il valore che possiamo attribuire alla notizia che egli abolì l'arianesimo, e l'eventuale portata del suo provvedimento. Certo è che quegli anni, da un punto di vista religioso, erano estremamente complicati.

Alcuni decenni prima, onde favorire la composizione della frattura tra ortodossi e monofisiti, era stata elaborata dal Patriarca di Costantinopoli, Sergio, la dottrina del Monotelismo: essa proponeva una teoria secondo la quale in Cristo sarebbe stata presente la sola volontà divina, senza quella umana. Non è questo il luogo per esaminare approfonditamente le vicende che ne scaturirono; basterà ricordare pochi fatti essenziali.

Nel 638 l'Imperatore Eraclio, attraverso un documento (la Ektesis) redatto da Sergio, impose l'accettazione del Monotelismo e vietò di parlare ancora della questione. Il Papa Giovanni IV, per tutta risposta, condannò in un sinodo sia il documento che la dottrina. Dieci anni dopo, Costante II (di cui si parlerà più profusamente in seguito) confermò le disposizioni contenute nell'Ektesis con l'editto Typos, ribadendo il divieto assoluto di sollevare ulteriori polemiche; e di nuovo il Papa, Martino I, condannò nel Concilio Lateranense del 649 il Monotelismo e l'editto. Costante II, qualche anno dopo, fece arrestare e condurre a Costantinopoli il Papa, che verrà poi condannato all'esilio.

La questione rimase quindi aperta fino all'avvento di Costantino IV: sotto il regno del nuovo Imperatore la dottrina venne condannata in un concilio tenutosi a Costantinopoli tra il 680 e il 681.

Tornando ad Ariperto, è chiaro che l'abolizione dell'arianesimo, se effettivamente avvenne, non poté cancellare in un colpo la dottrina dal Regno; e tuttavia anche questo dato è estremamente significativo per rendersi conto di come il cattolicesimo stesse velocemente propagandosi.

Nel 661 Ariperto, prossimo alla morte, decise di lasciare il Regno ad entrambi i suoi due figli: Godeperto si insediò pertanto a Pavia, mentre Pertarito optò per Milano.

Pur restando improbabile che Ariperto volesse operare una reale divisione territoriale del Regno longobardo tre i due figli, è comunque problematico cercare di dare un'interpretazione alla soluzione pensata dal Re: fu effettivamente sua volontà creare due Re per uno stesso territorio, o ci fu piuttosto una duplice elezione da parte di gruppi che favorirono un diverso candidato? Qualunque sia la risposta,

questo stato di cose durò ben poco; ma prima di continuare è bene volgere per un momento lo sguardo sugli avvenimenti accaduti in Friuli e a Benevento nel corso degli ultimi decenni.
Come si ricorderà, l'incursione degli Àvari in Friuli del 610 costò la vita al Duca Gisulfo; gli succedettero pertanto due dei suoi quattro figli, chiamati Taso e Cacco. Costoro vennero uccisi con uno stratagemma dall'Esarca Gregorio; alla loro morte il Ducato passò nelle mani del loro zio, Grasulfo. Radoaldo e Grimoaldo (di quest'ultimo abbiamo già parlato), i restanti due figli di Gisulfo, non vollero però rimanere in Friuli, sottoposti all'autorità dello zio; si recarono quindi presso Benevento, dove il Duca Arechi li accolse e li ospitò. Anni dopo Aio, figlio di Arechi, era in viaggio verso Pavia per recarsi da Re Rotari; fermatosi a Ravenna per riposare, i Bizantini gli fecero bere una pozione che lo fece impazzire. L'episodio del viaggio testimonia probabilmente i buoni rapporti fra Pavia e Benevento dopo le tumultuose vicende degli anni precedenti, mentre la somministrazione del veleno ad Aio non fa che riprendere la fama di cui godevano i Bizantini, di cui abbiamo già accennato, di grande abilità nell'usare meschini sotterfugi per eliminare i nemici. Non è comunque importante in questa sede appurare come andarono realmente le cose a proposito di questa vicenda; basti sapere che in seguito a questo fatto Arechi, prossimo alla morte, raccomandò al suo popolo come Re Radoaldo e Grimoaldo, poiché le gravi condizioni di Aio non lo rendevano abile a governare. Alla dipartita di Arechi, nel 641, i due fratelli non vollero tuttavia usurpare il trono di Aio, che mantenne la carica di Re fino al 642, quando però in battaglia. Divenne allora Duca di Benevento Rodoaldo; alla morte di quest'ultimo, nel 647, il governo del Ducato passò infine a Grimoaldo. Tale è la situazione a Benevento ancora nel 661.
Ora, tra Godeperto e Pertarito si accesero in breve tempo alcune inevitabili discordie: entrambi erano desiderosi di avere per sé l'intero regno. Fu così che Godeperto inviò il Duca di Torino, Garipaldo, presso Benevento, con il compito di chiedere l'intervento di Grimoaldo contro Pertarito. Garipaldo, tuttavia, tradendo la fiducia del Re, esortò Grimoaldo a prendere personalmente il potere, poiché la lotta tra i due fratelli stava mandando il regno in rovina. Grimoaldo si recò senza esitazione a Pavia, facendosi precedere de Garipaldo. Costui, giunto presso Godeperto, suggerì al Re di non incontrare Grimoaldo privo della sua corazza, poiché, gli disse, sapeva che il Duca beneventano voleva assassinarlo. Dopo aver parlato in questo modo si recò quindi da Grimoaldo, e gli confidò che il Re era intenzionato

ad ucciderlo; e la prova di quanto diceva era che il sovrano, al momento di incontrarlo, avrebbe portato la corazza nascosta sotto le vesti. Questa ben ordita tela di inganni produsse i suoi frutti: durante l'incontro tra il Re e Grimoaldo quest'ultimo, accortosi che Godeperto portava effettivamente la corazza, pensò ad un tradimento e lo uccise. Grimoaldo assunse quindi il potere e divenne il nuovo sovrano, nominando reggente per il Ducato di Benevento suo figlio Romualdo. Ragimperto, figlio di Godeperto, riuscì a fuggire con l'aiuto di alcuni seguaci fedeli al padre. Anche Pertarito fuggì presso gli Àvari, mentre la moglie e il figlio furono inviati da Grimoaldo in esilio a Benevento. Il traditore Garipaldo fu invece ucciso da un parente di Godeperto per vendicarne la memoria.

È evidente che questa storia ha un carattere leggendario. Garipaldo, subdolo e meschino orditore di inganni, è verosimilmente il personaggio di cui Grimoaldo si servì per scaricare ogni colpa di quella che probabilmente altro non fu che un'usurpazione. Anche il modo miserabile con cui il traditore viene ucciso, colpito di sorpresa da un personaggio di nessuna importanza, tanto che Paolo Diacono lo definisce "*parvus homunculus*", ometto, fa pensare a questa soluzione. Il racconto dovette pertanto essere elaborato quando Grimoaldo aveva già conquistato il trono, onde giustificare la sua riprovevole azione agli occhi del popolo; azione per la quale si cerca tuttavia di dare una giustificazione anche ricordando lo stato di debolezza del Regno longobardo a causa delle divergenze tra i due fratelli.

Grimoaldo Re, dunque, ma la leggenda che lo riguarda non si ferma alla sua ascesa al trono: dopo aver preso in moglie la sorella di Godeperto egli, ci narra Paolo Diacono, volle risolvere la questione relativa alla fuga di Pertarito. Gli ambasciatori che il sovrano inviò presso gli Àvari furono lapidari: se costoro avessero continuato ad ospitare il fuggiasco sarebbe stato impossibile mantenere la pace tra loro e i Longobardi (è chiaro quindi che l'incursione in Friuli risalente al 610 non aveva guastato i rapporti tra i due popoli). Pertarito, invitato ad andarsene dal Re degli Àvari, scelse di tornare in Italia, accompagnato da Unulfo, un suo fedelissimo, e di confidare nella clemenza di Grimoaldo. Quest'ultimo, infatti, lo accolse benevolmente, prendendolo sotto la sua protezione e concedendogli tutto ciò che gli era necessario per condurre una vita degna. Purtroppo il racconto non si conclude con questo lieto fine: alcuni non ben specificati "*maligni*" si recarono immediatamente presso Grimoaldo e lo convinsero che era necessario eliminare Pertarito onde evitare che costui, con il sostegno del popolo, potesse tentare di riprendere il potere. Grimoaldo pianificò quindi di far portare al rivale grandi quantità di vino e cibo; in questo modo sarebbe stato assai semplice disfarsi per sempre di Pertarito, indebolito dai bagordi ed annebbiato dal vino. Un servitore, tuttavia, riuscì ad avvertire quest'ultimo del diabolico piano ordito ai suoi danni e, con l'aiuto di Unulfo, si sostituì di nascosto a Pertarito, consentendogli di fuggire ad Asti, dove ancora erano presenti

▶ **Tomba longobarda presente nella necropoli di Zanica (BG)** dove vennero trovate le croci mostrate a sinistra e altri interessanti reperti. Zanica al tempo dei longobardi era una famosa stodegarda (allevamento di cavalli militari).

Lombard tomb in the necropolis of Zanica (BG). Zanica during Lombards era was a famous stodegarda (breeding of military horses).

◀ **Crocette d'oro** ritrovate nella necropoli longobarda di Zanica. Museo archeologico di Bergamo.

Golden Crosses found in the Lombard necropolis of Zanica. Archaeological Museum of Bergamo.

nuclei di resistenza contro Grimoaldo. Scoperto l'inganno il Re, impressionato dalla fedeltà del servo verso Pertarito, decise di risparmiargli la vita, accogliendolo tra i suoi camerieri. Allo stesso modo il Re perdonò Unulfo e ne lodò la sincera fedeltà; qualche tempo dopo Grimoaldo concederà addirittura ai due il permesso di raggiungere Pertarito, recatosi nel frattempo presso i Franchi.

Vale la pena di soffermarsi qualche istante su questo racconto, che chiaramente rispecchia solo in parte la realtà storica, e tuttavia ci offre numerosi spunti di riflessione. Grimoaldo viene presentato a più riprese come un Re clemente e magnanimo, definito addirittura *"christianissimum et pium"*, cristianissimo e pio: manifesti indici di un mutamento in corso della concezione della figura del Re, orientato ad accogliere tradizioni diverse dalla propria (cristiana, romana), integrandole con quella longobarda. Grimoaldo ad esempio loda la fedeltà del servo e di Unulfo; e anche se la fedeltà al proprio capo è senza dubbio un valore presente nella cultura longobarda, è significativo che in questo caso l'elogio sia espresso verso servitori fedeli a un nemico. Grimoaldo e la sua corte dovettero quindi cercare di interpretare i segnali di una società diversa rispetto agli anni precedenti, che stava modificandosi in seguito alla prolungata interazione con tradizioni diverse dalla propria.

Non è tuttavia accertata con sicurezza la fede religiosa di Grimoaldo. Sicuramente egli non fu ostile ai cattolici, sebbene Paolo Diacono ci informi che ebbe in odio i romani: l'Esarca, come si ricorderà, aveva ucciso i suoi fratelli maggiori.

Pertarito è quindi ospite dei Franchi, abbiamo detto, ed è forse lui che sollecita la loro ennesima discesa in Italia nel 663; anche il fatto che gli invasori puntarono su Asti, dove Grimoaldo era contestato, fa propendere per questa ipotesi. I Franchi, tuttavia, dovettero ben presto tornare in patria dopo una dura sconfitta: Grimoaldo, con un'astuta tattica, finse di fuggire lasciando che i nemici occupassero l'accampamento longobardo. Durante la notte, mentre costoro dormivano, fiaccati dalla grande quantità di vino che avevano bevuto per festeggiare la vittoria, li aggredì di sorpresa e ne sterminò buona parte.

Ora, vi sono teorie che legano questo attacco dei Franchi anche ad un accordo con i Bizantini: la spedizione franca avrebbe dovuto impedire a Grimoaldo di affrontare la campagna avviata nel sud dell'Italia dall'Imperatore Costante II.

L'Imperatore Eraclio, che avevamo lasciato nel 610 alle prese con i Persiani, morì nel 641. Gli succedettero per breve tempo i due figli, Costantino III, defunto dopo alcuni mesi per cause ancora non chiare, ed Eraclio II. Quando quest'ultimo fu deposto da una rivolta del popolo, nello stesso 641, divenne Imperatore Costante II, figlio di Costantino III. Egli fu a lungo impegnato contro gli Arabi e gli Slavi, che stavano minacciando l'Impero. Una volta stabilizzata la situazione con questi due popoli poté finalmente rivolgere le sue attenzioni all'Italia, dove la politica di espansione territoriale dei Longobardi, come abbiamo già visto, era divenuta più aggressiva.

Costante II sbarcò quindi a Taranto nel 663. A questo punto Paolo Diacono narra una curiosa leggenda, che vale la pena di riportare. L'Imperatore, giunto in Italia, decise di interrogare un eremita sul destino della sua spedizione. Il pio uomo gli disse che i Longobardi non potevano attualmente essere sconfitti, perché una loro regina (Teodolinda) aveva fondato (a Monza) una Basilica dedicata a San Giovanni, e il Santo intercedeva in loro favore presso Dio. Ma, aggiunge l'eremita, i Longobardi un giorno cadranno, perché quel luogo santo non verrà più rispettato. Critica corrosiva di Paolo Diacono, che infatti subito aggiunge che lui stesso ha veduto la Basilica amministrata da persone indegne, cui è stata concessa dietro pagamento di laute somme e non in considerazione dei loro meriti.

Costante II, se davvero chiese all'eremita un'opinione, non la tenne poi in gran conto: invaso il Ducato di Benevento si fece strada con le armi fino alla capitale, che cinse d'assedio. Romualdo inviò subito dal padre il suo precettore, Sesualdo, con il compito di chiedere aiuto. Grimoaldo marciò immediatamente verso sud, per portare aiuto al figlio; ma durante il viaggio molti uomini lo abbandonarono, segno evidente che molti non consideravano legittima la posizione regale di Grimoaldo, o comunque non stabile né duratura. La diserzione di questi uomini del Regno longobardo del nord e il loro palese disinteresse verso coloro che erano pur sempre Longobardi, testimonia anche gli scarsi rapporti che esistevano tra la Langobardia Maior e i Ducati del centro – sud.

Nonostante l'abbandono di molti uomini, Grimoaldo proseguì la sua marcia. Giunto vicino a Benevento inviò Sesualdo dal figlio per comunicargli il suo imminente arrivo, ma il precettore fu catturato dai

TAVOLA A

TAVOLA B

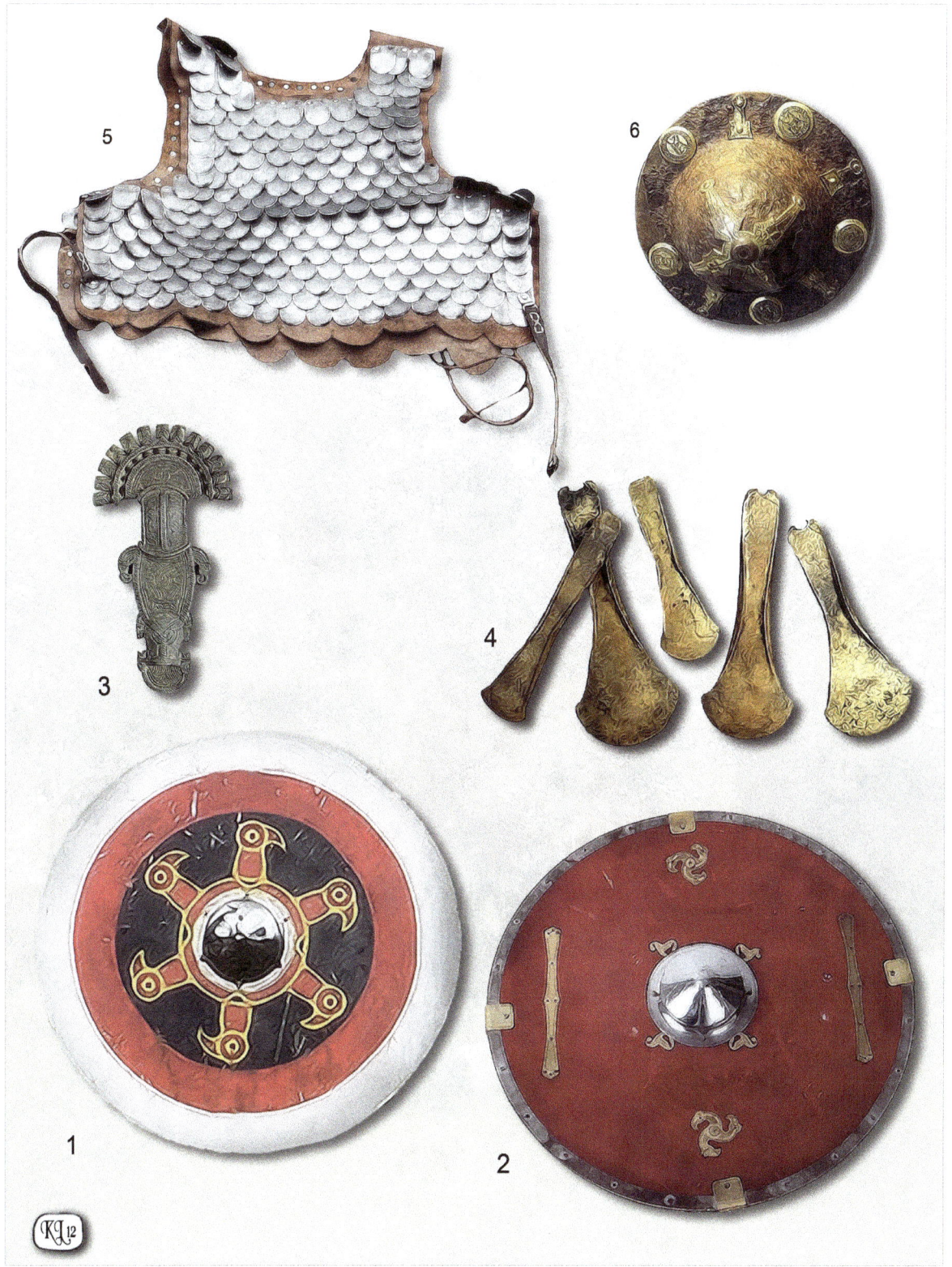

TAVOLA C

TAVOLA D

TAVOLA E

TAVOLA F

TAVOLA G

TAVOLA H

TAVOLA I

TAVOLA K

TAVOLA L

TAVOLA M

TAVOLA N

TAVOLA O

TAVOLA P

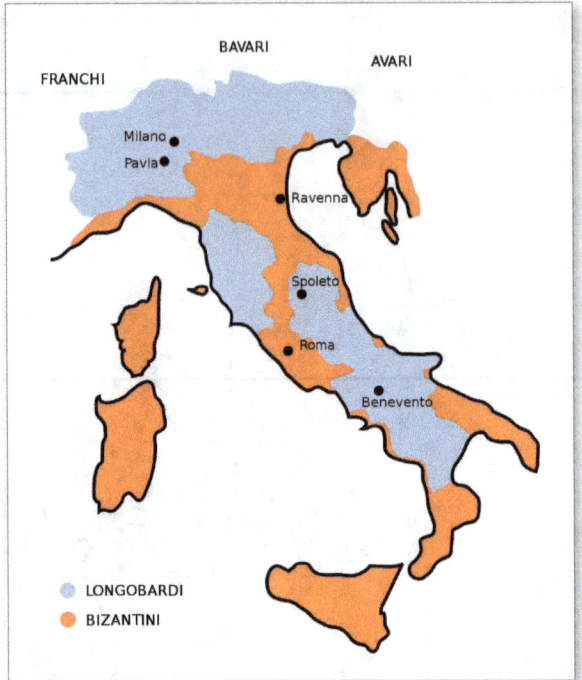
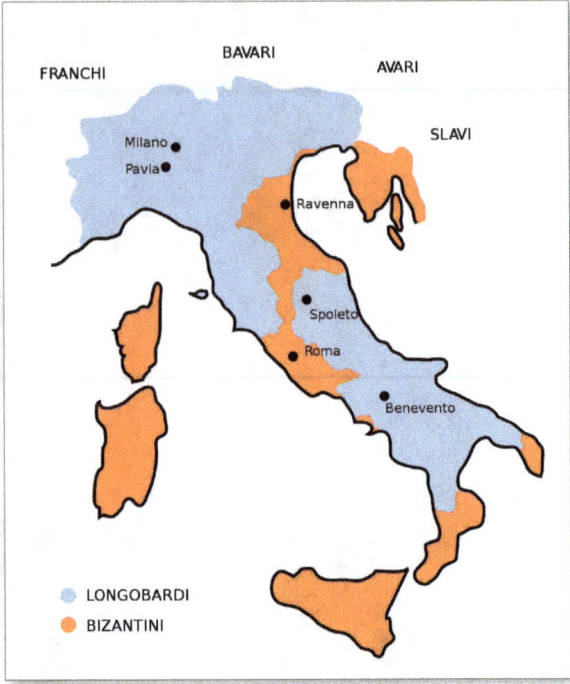

▲▼ Sopra da sinistra a destra: Mappa del Regno longobardo dopo la morte di Alboino (572) - Mappa del Regno longobardo alla morte di Rotari (652) . Sotto da sinistra a destra: Mappa del Regno longobardo alla morte di Liutprando (744) , Mappa del Regno longobardo dopo le conquiste di Astolfo (751) che segnano la massima estensione del potere longobardo in Italia.

From left to right: Lombard kingdom maps of Alboino (572), Rotari (652), Liutprando (744) and Astolfo (751). This last represent the Lombard Kingdom at its greatest extent.

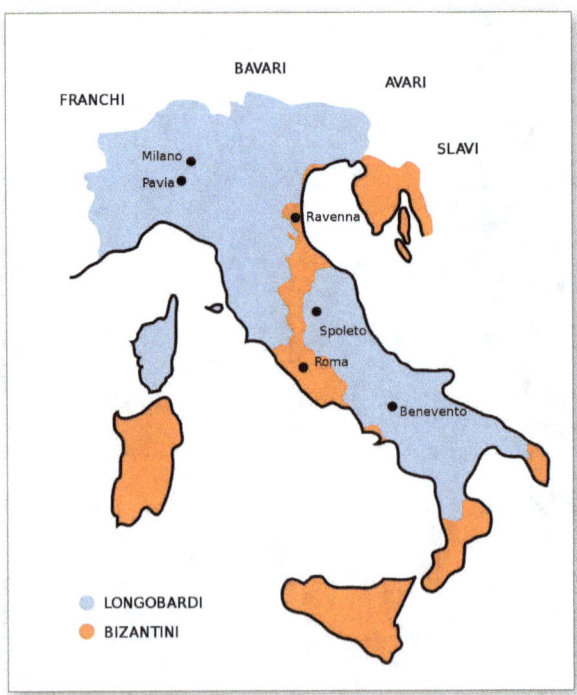
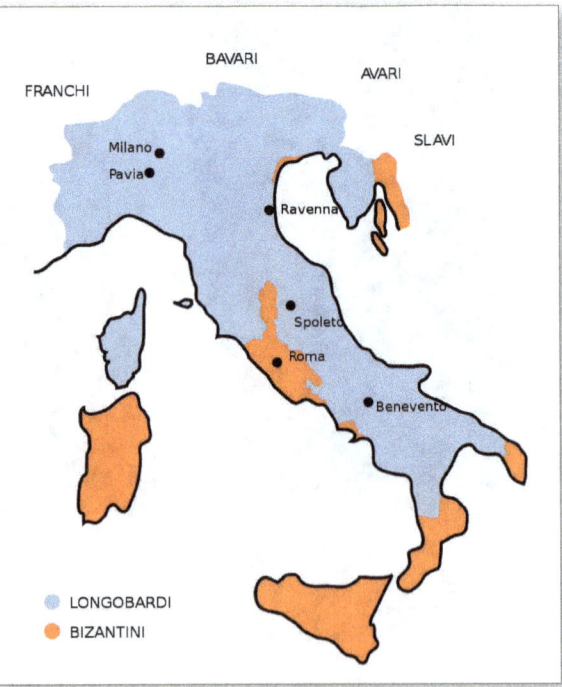

Bizantini. Costante II, saputo dell'arrivo di Grimoaldo, si affrettò a chiedere a Romualdo la pace; cercò inoltre di costringere Sesualdo a riferire ai Beneventani che Grimoaldo non poteva accorrere in loro aiuto. Il fedele precettore, tuttavia, non volle mentire al suo Duca, e pagò con la vita la sua abnegazione: Costante II gli fece tagliare la testa, e ordinò poi di lanciarla dentro la città.
Nessun contrasto potrebbe essere più manifesto e stridente: Grimoaldo, Re clemente e generoso, ricompensa e loda la fedeltà anche quando è rivolta ai suoi nemici; Costante II, Imperatore dei Bizantini, popolo infido e calcolatore, conosciuto per la sua odiosa meschinità, amante dei sotterfugi e degli inganni, è incapace di elogiare le buone qualità quando non sono a suo vantaggio.
Compiuto il misfatto, i Bizantini si ritirarono verso Napoli. Fu allora che il nobile Saburro chiese a Costante II di poter condurre in battaglia contro i Longobardi una parte dell'esercito, promettendo la vittoria. L'Imperatore acconsentì, e mal gliene incolse. Saburro, al cui comando stavano circa 20000 uomini, e Romualdo, in testa ai suoi fedeli e a parte dell'armata del padre, si affrontarono presso Forino. Il successo arrise ai Longobardi, che riportarono una grande vittoria.

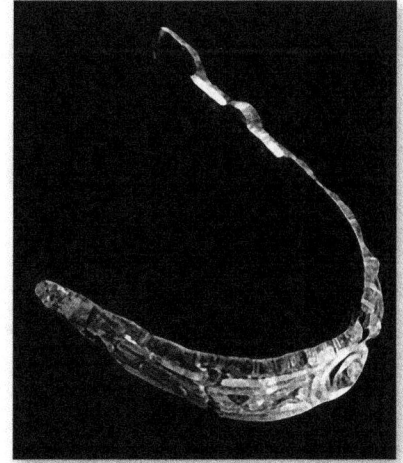

Costante II si diresse allora verso Roma, che spogliò ignobilmente delle sue ricchezze in pochi giorni. Dalla Città Eterna si recò quindi in Sicilia, ove sottopose la popolazione locale (oltre a quella presente in Africa, Calabria e Sardegna) a una dura tirannia. Le sue scelte impopolari gli costarono care: inviso alla popolazione, morì nel 668, a Siracusa, ucciso nel bagno da uno dei suoi servi.
È possibile, ma non sicuro, che la congiura per eliminare lo scomodo Imperatore fosse stata ordita da Mesenzio, un patrizio di origini armene facente parte della corte. Certo è che costui, alla morte di Costante II, fu proclamato Imperatore dai congiurati, fossero questi ultimi suoi complici o meno. La sua elezione non fu ben accetta dal resto dell'Impero, e ben presto giunsero presso Siracusa truppe e milizie provenienti da ogni dove. La città fu infine espugnata, e Mesenzio eliminato. Le sorti dell'Impero, fino al 685, passarono nelle mani di Costantino IV, figlio di Costante II.
Nello stesso 668 gli Arabi saccheggiarono la Sicilia e tentarono, senza successo, di conquistare Costantinopoli per la prima volta. Costantino IV dovrà affrontare il loro secondo tentativo nel 674; i Bizantini resistettero tenacemente a questo ennesimo attacco soprattutto grazie all'impiego dello straordinario fuoco greco, una miscela infiammabile che non si estingueva a contatto con l'acqua. L'assedio durò fino al 677, ma la vittoria arrise infine ai Bizantini.
Tornando a Grimoaldo, egli aveva fatto ritorno a Pavia molto prima della morte di Costante II, ovvero già nel 663. Ora, quando il Re dovette portare soccorso al figlio nel sud Italia, lasciò a Lupo, Duca del Friuli, il compito di occuparsi del Regno in sua assenza. Il reggente tuttavia si comportò in modo arrogante e ingiusto, e quando seppe che Grimoaldo stava tornando, consapevole

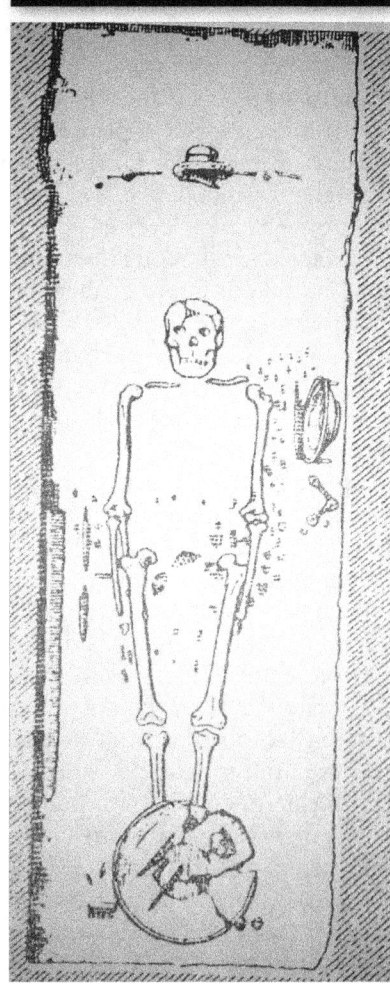

▶▶ **Schema tipico di un ritrovamento in Tomba longobarda.** Sopra, speroni di cavaliere longobardo proveniente dalla necropoli di Zanica (BG) e conservate al museo archeologico di Bergamo.

Typical sketch of a found Lombard tomb. Above, a rider spurs from the Lombard necropolis of Zanica (Italy) and kept at the Archaeological Museum of Bergamo.

dei suoi errori, fuggì da Pavia e si ribellò. Evidentemente Lupo, non diversamente dagli uomini che avevano abbandonato il Re mentre si recava a Benevento, non riteneva solida la conquista del trono di Grimoaldo, e pensando che il sovrano non sarebbe più tornato da Benevento, dovette cominciare a comportarsi come se di fatto il trono fosse passato a lui.
Grimoaldo non volle impegnarsi in prima persona a stroncare la ribellione, forse per evitare il rischio di una guerra civile. Si rivolse quindi al Re degli Àvari, cui domandò di soffocare la rivolta con la forza; il premio, evidentemente, sarebbe stato il bottino, frutto del saccheggio successivo alla vittoria.
Tutto andò come previsto, e gli Àvari riuscirono a sconfiggere le milizie di Lupo e ad uccidere lo stesso Duca; ma quando Grimoaldo chiese agli alleati di ritornare alle loro terre, gli invasori respinsero l'invito, sostenendo che il Friuli era ormai di loro proprietà, poiché lo avevano conquistato con le armi. Costretto a prepararsi per una nuova guerra, Grimoaldo ricorse all'ennesimo trucco: per diversi giorni fece sfilare più volte gli stessi uomini davanti alla tenda degli ambasciatori degli Àvari, ma sempre abbigliati in modo diverso. I legati si convinsero che l'esercito longobardo fosse immenso, e persuasero il loro Re a rinunciare alla battaglia.
Per riappacificarsi con i rimanenti ribelli friulani, Grimoaldo combinò poi le nozze del figlio Romualdo con la figlia di Lupo, Teuderada. Il Re, inoltre, non trascurò di punire coloro che avevano disertato l'esercito mentre si recava al sud. Non ci è noto come il sovrano decise di castigare i traditori, ma l'applicazione della pena di morte non è da escludersi. Vennero infine distrutte le città di Forlimpopoli, i cui abitanti avevano procurato qualche danno all'esercito mentre marciava verso meridione, e di Oderzo. Va segnalata anche una prima estensione dell'Editto di Rotari, cui Grimoaldo aggiunse alcuni articoli.
Dopo la sconfitta inflitta ai Franchi nel 663, Grimoaldo, negli ultimi anni del suo regno, concluse un accordo di pace con il loro Re (Dagoberto, dice Paolo Diacono, ma questa informazione viene generalmente contestata). Pertarito si trovò quindi costretto a cercarsi un altro rifugio, e decise di raggiungere i Sassoni in Britannia.
Strani percorsi segue il destino: nel 671 Grimoaldo morì a causa di un incidente di caccia, lasciando il regno al figlioletto Garibald, che non era certo nelle condizioni di reggerne le sorti. Buona parte del popolo, inoltre, non doveva certo vedere in lui il sovrano legittimo, come già accaduto per il padre. Pertarito non perse tempo: tornato dalla Britannia (richiamato da una voce sovrannaturale, ci racconta Paolo Diacono), destituì Garibald e, senza alcuna difficoltà, si fece proclamare Re. Subito richiamò da Benevento la moglie e il figlio, ove erano esiliati dall'usurpazione di Grimoaldo. Romualdo acconsentì alla richiesta del Re in cambio del riconoscimento della sostanziale autonomia del suo Ducato.
 Pertarito viene descritto come un uomo molto pio e generoso; sappiamo peraltro che fondò il monastero di Sant'Agata in Monte, presso Pavia. La moglie Rodelinda fondò invece, sempre a Pavia, la Basilica di Santa Maria ad perticas.
Forse nel 680 il Re associò al trono suo figlio Cuniperto, con il quale regnò fino al 688, anno in cui Pertarito morì. Prima della sua dipartita, tuttavia, il sovrano si trovò ad affrontare una ribellione,

guidata dal Duca di Trento Alachis; costui era forse a capo di una fazione ancora fedelmente legata alle tradizioni longobarde, e quindi irritata dalla politica eccessivamente filocattolica di Pertarito. Alachis, dopo aver sconfitto il conte dei Bavari, si asserragliò a Trento e, con una mossa a sorpresa, riuscì a mettere in fuga l'esercito di Pertarito, che stava assediando la città. Cuniperto a questo punto fece probabilmente da tramite per raggiungere un negoziato tra il padre ed Alachis: al prezzo della concessione a quest'ultimo del Ducato di Brescia la ribellione terminò.

La pace non durò a lungo: dopo la morte di Pertarito Alachis capeggiò una seconda rivolta, questa volta contro Cuniperto, che fu costretto a fuggire da Pavia e arroccarsi nella formidabile fortezza dell'Isola Comacina. Alachis non viene certo elogiato da Paolo Diacono: oltre a sottolinearne il profondo odio che nutriva verso sacerdoti e chierici, egli lo descrive come un iniquo usurpatore, traditore della fiducia concessagli, sovvertitore della pace sociale, rozzo, avido ed arrogante. La sua rovina fu causata dalla sua stessa nequizia: egli infatti progettava di tradire i suoi alleati bresciani, chiamati Aldo e Grauso, per potersi disfare di loro. Costoro vennero tuttavia a sapere del malvagio piano ordito da Alachis ai loro danni, e decisero di ripagarlo allo stesso modo: convinto l'usurpatore ad uscire dalla città per andare a caccia, si recarono da Cuniperto, pregandolo di perdonarli e di tornare a Pavia. Il Re accettò e fece ritorno alla capitale, dove venne riaccolto a braccia aperte dal popolo; lo scontro con Alachis era a questo punto inevitabile.

L'usurpatore raccolse le sue forze nei territori nordorientali del regno (la cosiddetta Austria), ove erano presenti i suoi due Ducati ed egli manteneva senza dubbio una posizione di forza; Cuniperto, al contrario, reclutò le sue milizie nella parte occidentale del nord Italia (ovvero la Neustria). Questo è perlomeno ciò che ci tramanda la *Historia Langobardorum*, ma ovviamente è difficile stabilire se la realtà fu davvero così schematica. I due eserciti si scontrarono presso Coronate, dopo che Alachis ebbe vilmente rifiutato la proposta di Cuniperto di risolvere la loro contesa con un duello, onde evitare inutili spargimenti di sangue. Alachis in battaglia credette di essere riuscito ad uccidere il rivale; ma Cuniperto, prima dello scontro, aveva controvoglia accettato, date le notevoli insistenze dei suoi seguaci, di farsi sostituire nella pugna dal Diacono pavese Seno. Alachis non aveva ucciso altri che il malcapitato ecclesiastico, abbigliato come il suo Re. Cuniperto, rotto allora ogni indugio, scese in battaglia e, dopo aver nuovamente proposto ad Alachis la soluzione del duello ed averne ricevuto un altro rifiuto, condusse il suo esercito alla vittoria. Il rivale venne infine ucciso e fatto a pezzi. Non c'è bisogno di sottolineare gli ulteriori connotati negativi che questo racconto conferisce ad Alachis, in chiaro contrasto con le virtù attribuite a Cuniperto.

Mentre i due contendenti guerreggiavano per il Regno, Romualdo, al sud, espandeva il suo dominio, conquistando Taranto e Brindisi. Dopo la dipartita del Duca nel 687 e del figlio Grimoaldo II, nel 689,

◀▼ In alto a sinistra: **Pluteo con grifoni.** Qua sotto: **Pluteo con pavoni.** Entrambi questi reperti sono conservati nell' oratorio di San Michele alla Pusterla, inizio VIII secolo. Pavia, museo civico Malaspina.

Top left: Pluteus with griffins. Below: Pluteus with peacocks. Both of these finds are preserved in the chapel of San Michele in Pusterla. Early eighth century. Pavia, museum Malaspina.

il Ducato di Benevento passò al fratello di quest'ultimo, Gisulfo.
Durante il suo regno Cuniperto si trovò ad affrontare anche una nuova rivolta: un tale Ansfrido, infatti, si impadronì del Ducato del Friuli mentre era momentaneamente assente il legittimo Duca, Rodoaldo. Ribellatosi anche a Cuniperto, l'usurpatore venne catturato, accecato ed esiliato. Vale la pena di notare, in quanto episodio significativo per testimoniare il possibile avvicinamento culturale tra i due popoli, che la pena dell'accecamento era molto in voga presso i Bizantini.
Nel 698 il Re, d'accordo con il Papa Sergio, convocò infine un sinodo a Pavia, durante il quale gli scismatici di Aquileia, che fino a quel momento si professavano ancora fedeli ai Tre Capitoli, tornarono nell'ortodossia religiosa, condannando le posizioni eretiche.
L'Impero Bizantino, intanto, stava attraversando un periodo non certo idilliaco: nel 685 a Costantino IV era infatti succeduto il figlio Giustiniano II, il cui esercito venne duramente sconfitto dagli Arabi nel 693 a Sebastopoli. La conseguente deposizione dell'Imperatore nel 695 e l'instabile situazione interna dell'Impero favorì, nel 698, la conquista araba di Cartagine, finalmente presa dopo lunghi anni di guerra; pochi anni dopo sarebbe cominciata la conquista araba della penisola iberica.
Nel 700 Cuniperto morì, lasciando il Regno al figlioletto Liutperto, coadiuvato da un tutore, Ansprando. Ebbene, alla morte di Grimoaldo, come si ricorderà, aveva fatto ritorno in Italia Pertarito. Ora invece, alla morte di Cuniperto, si fece avanti per reclamare il trono Ragimperto, il figlio di Godeperto, che dopo l'uccisione del padre era rimasto per diversi anni a Torino in qualità di Duca. Egli riuscì, in effetti, a sconfiggere Ansprando e ad impadronirsi del potere, ma subito dopo morì; toccò al figlio Ariperto proseguire la lotta cominciata dal padre. Dopo una nuova sconfitta Ansprando fuggì, ritirandosi presso l'Isola Comacina; Liutperto invece era stato fatto prigioniero da Ariperto durante la battaglia. A complicare ulteriormente il quadro si aggiunse la ribellione del Duca di Bergamo, Rotarit, che aveva precedentemente combattuto a favore di Liutperto. La rivolta venne tuttavia presto sedata, e Rotarit esiliato e poco dopo ucciso; allo stesso modo venne eliminato anche Liutperto. Ad Ariperto non restava a questo punto che occuparsi di Ansprando, sempre asserragliato nell'Isola Comacina, ma quest'ultimo, saputo che il rivale aveva mandato un esercito contro di lui, fuggì presso i Bavari. Conquistata la fortezza, Ariperto la fece distruggere; divenuto poi Re a tutti gli effetti, si accanì contro la famiglia di Ansprando facendone mutilare la moglie, la figlia e il figlio maggiore. Permise tuttavia a Liutprando, il figlio minore, di raggiungere il padre.
Durante il suo regno Ariperto mantenne buoni rapporti con il Papa, cui volle restituire il patrimonio della Alpi Cozie, controllato dai Longobardi dalla conquista della Liguria da parte di Rotari. Dovette

inoltre fronteggiare una ribellione del Duca del Friuli Corvolo, che fece accecare e destituire. Il nuovo Duca, Pemmo, si dimostrò invece fedele al sovrano.

La situazione restava comunque difficoltosa e instabile, tanto che Paolo Diacono narra che il Re avesse l'abitudine di uscire camuffato nottetempo per sapere ciò che il popolo pensava di lui e del suo operato. Ansprando rimase in esilio in Baviera fino al 712, anno in cui tornò in Italia con un esercito di Bavari per riprendere la lotta con Ariperto. Il Re riuscì a cogliere una nuova vittoria, ma volle tornare subito dopo a Pavia, scontentando i suoi soldati, per i quali evidentemente la questione con i nemici non era ancora risolta in modo definitivo. Compresa la difficile posizione in cui si trovava, Ariperto decise di fuggire in Francia; però tuttavia prima di riuscire a raggiungerla, mentre attraversava a nuoto il Ticino. Regnò quindi per alcuni mesi Ansprando, e quando costui giunse al termine della sua vita fu proclamato Re suo figlio Liutprando; ma prima di occuparci del suo regno è ora opportuno riprendere brevemente in mano le vicende relative al popolo dei Franchi.

Nel corso del VII secolo il potere dei Maggiordomi, o Maestri di Palazzo, titolo che originariamente indicava il servitore a capo del personale di corte (*maior domus*), era andato continuamente crescendo, tanto che i detentori di questa carica giunsero ad esercitare un considerevole potere in politica.

Il Re Dagoberto (629 – 639) riuscì ad unificare momentaneamente i territori in cui il regno era diviso, ma quando egli morì i suoi figli e successori, Sigeberto III e Clodoveo II, optarono per una nuova suddivisione del regno in Austrasia e Neustria. I Maggiordomi intanto divenivano sempre più potenti, mentre la popolarità della dinastia regia dei Merovingi decadde rapidamente, anche perché a partire dai figli di Dagoberto i Re franchi furono sempre più visti come "*Re fannulloni*", pigri, indolenti e disinteressati nei confronti degli affari politici. Nel 687 Pipino di Heristal, Maggiordomo d'Austrasia, vinse la Neustria in battaglia accrescendo notevolmente il suo potere. Il considerevole prestigio della sua dinastia divenne immenso dopo che suo figlio Carlo Martello arrestò, nel 732, l'avanzata araba a Poitiers. Carlo era di fatto il Re, ma non volle comunque deporre formalmente una volta per tutte il sovrano legittimo, ponendo fine alla dinastia Merovingia; attorno a quest'ultima, per quanto in decadenza e priva di potere reale, permaneva comunque un'aura di sacralità da non sottovalutare per l'effetto che poteva avere sul popolo. Il passo che Carlo Martello non osò compiere venne infine effettuato da suo figlio, Pipino il Breve, ma solo dopo che si fu assicurato il favore del Papa: nel 751 Pipino rinchiuse in un convento il sovrano, Childerico III, e si fece successivamente eleggere Re. Nel 754, a Ponthion, Papa Stefano II lo consacrò con l'olio santo assieme ai suoi figli; la sacralità della dinastia era stata sancita.

◄ **Pertarito, o Bertarido (645 circa – Pavia 688)**, fu Re dei Longobardi e Re d'Italia dal 661 al 662 e, in una seconda fase, dal 671 al 688. Pertarito diede un forte sostegno alla Chiesa cattolica, favorendone l'opera evangelizzatrice nei confronti dei Longobardi e dei Romanici ariani, pagani o scismatici. Esortò i vescovi cattolici a rientrare nelle diocesi che avevano abbandonato a causa delle pressioni longobarde, edificò chiese e monasteri in tutto il regno e consentì all'arcivescovo di Milano, Mansueto, di convocare un grande sinodo provinciale.

Perctarit (also Berthari) (died 688) was king of the Lombards from 661 to 662 the first time and later from 671 to 688. He was the son and successor of Aripert I. He shared power with his brother Godepert. He was a Catholic, whereas Godepert was an Arian. He ruled from Milan, Godepert from Pavia.

◄ Scena della battaglia di Cornate del 689 d.C.

Soldiers in the battle of Coronate 689 aC.

Vedremo in seguito come questi fatti siano indissolubilmente legati al destino dei Longobardi.

Nel 712 Liutprando sale dunque al trono, e ben presto si trova a dover sventare le solite congiure ordite dagli scontenti per eliminarlo. Non è il caso di descrivere minuziosamente gli avvenimenti narratici da Paolo Diacono: egli se ne serve più che altro come espediente per sottolineare il coraggio e la magnanimità di Liutprando.

Liutprando fu senza dubbio un ottimo Re. Molto attivo nel settore legislativo, aggiunse alcune norme all'Editto di Rotari e promulgò molte altre leggi. Grazie a diversi provvedimenti presi dal Re, inoltre, in questo periodo crebbe anche l'importanza di Pavia quale centro politico del regno. Egli fu anche un grande difensore della chiesa, tanto che soleva definirsi "*Re cattolico*". Fondò il monastero di San Pietro in Ciel d'oro a Pavia e il monastero di Sant'Anastasio, a poca distanza dalla capitale; fece inoltre costruire una cappella nel suo palazzo. Visto il lungo periodo cui rimase al trono (fino al 744) poté inoltre dedicarsi con impegno e costanza alla politica estera e all'espansione territoriale. Inizialmente, a dire il vero, il Re non parve avere intenzioni bellicose nei confronti dell'Impero bizantino, tanto che nel 712 – 713 costrinse il Duca di Spoleto, Faroaldo II, a restituire ai Bizantini il porto di Classe, che il Duca aveva precedentemente conquistato. Questo episodio è indicativo anche perché fornisce una prima dimostrazione della volontà di Liutprando di sottoporre a un controllo più rigoroso i Duchi della Langobardia Minor, che fino a quel momento erano rimasti sostanzialmente indipendenti.

Cosa spinse dunque il Re a dare nuovo inizio a una politica espansionistica? È opportuno considerare che l'Impero bizantino, lo abbiamo già ricordato, stava attraversando un periodo di dura crisi: per farsi un'idea della sua grave instabilità sarà sufficiente notare che dal 695, anno della destituzione di Giustiniano II, al 717, quando Leone III l'Isaurico spodestò Teodosio III, si succedettero sei Imperatori. Date queste favorevoli condizioni, Liutprando non poté fare finta di nulla, anche perché i Longobardi erano pur sempre un popolo di guerrieri: si rammenti che fine fece Adaloaldo, che degnò di scarsa considerazione la conquista territoriale.

La grande occasione arrivò nel 717, quando gli Arabi assediarono per l'ennesima volta Costantinopoli. Nello stesso anno infatti Liutprando attaccò Ravenna, mentre i Longobardi spoletini occuparono Narni; il Duca di Benevento guidava infine un'offensiva contro Cuma. Liutprando si ritirò tuttavia dopo poco tempo, mentre il Duca di Napoli riuscì a cacciare i beneventani da Cuma.

I rapporti tra l'Impero e il papato si erano nel frattempo deteriorati a causa delle pesanti imposizioni fiscali volute dal nuovo Imperatore Leone III. Il patrizio Paolo, poi Esarca nel 726, tentò addirittura di eliminare il pontefice, Gregorio II, ma venne sconfitto da un esercito che contava anche truppe di Longobardi spoletini e della Tuscia. Nell'anno 726 si consuma la definitiva rottura tra Papa e Imperatore: Leone III interpreta la lunga serie di avvenimenti sfavorevoli occorsi all'Impero (tra i quali un'eruzione vulcanica a Santorini), come un segno della collera divina, e ne vede la ragione nell'eccessiva adorazione attribuita alle immagini sacre. La conseguente condanna di questo tipo di culto (la cosiddetta Iconoclastia) provocò una ribellione generale della chiesa romana, ma anche di molti territori in Italia sottoposti all'autorità dell'Impero. Vittima degli scontri tra le due correnti di pensiero fu nel 727 l'Esarca Paolo.

Approfittando della situazione, Liutprando riuscì ad occupare Frignano, Monteveglio, Busseto, Persiceto e Osimo, che per la verità pare che gli si siano consegnate a causa dei contrasti religiosi con la politica iconoclastica. Fu invece conquistata Bologna, mentre l'occupazione longobarda di Sutri terminò dopo alcuni mesi, quando la città venne concessa in dono agli apostoli Pietro e Paolo, ovvero alla chiesa (la ben nota Donazione di Sutri). Correva l'anno 728. È tuttora incomprensibile il motivo per il quale Liutprando non colse l'occasione per occupare definitivamente i restanti domini bizantini in Italia: mai la sorte aveva offerto circostanze più propizie.

Nel 729 si verificò un brusco cambiamento nel sottile equilibrio di alleanze tra i vari attori in scena: i Duchi di Benevento e Spoleto, desiderosi di mantenere la loro indipendenza dal Regno longobardo settentrionale, si avvicinarono al Papa, anch'egli probabilmente preoccupato per l'eccessivo potere che Liutprando stava acquisendo. Preso atto della cosa, il Re cercò di porvi rimedio alleandosi con Eutichio, il nuovo Esarca, che con tutta probabilità non era affatto interessato ai Ducati meridionali ma al Pontefice, non certo visto di buon occhio dall'Imperatore dopo i recenti sviluppi. Forte di questa alleanza, ottenne il giuramento dei Duchi Trasmondo di Spoleto e Romualdo II di Benevento (che aveva sposato la figlia della sorella di Liutprando). Recatosi poi a Roma, riuscì a far riappacificare il Papa e l'Esarca. Il potere di Liutprando, come si può facilmente vedere, era immenso.

Alcuni anni dopo scoppiò un diverbio tra il Duca del Friuli, Pemmo, e il Patriarca di Aquileia, Callisto; dato che nel corso di questa lite Pemmo aveva probabilmente, a giudizio di Liutprando, abusato del suo potere, il Re lo sostituì con lo stesso figlio del Duca, Ratchis.

Nel 732 Liutprando inviò truppe di rinforzo a Carlo Martello, che si apprestava a combattere gli Arabi a Poitiers; anche in scontri successivi contro i mori le truppe longobarde furono spesso accanto a quelle di Carlo. I rapporti tra il Re e il Maggiordomo furono molto buoni, tanto che Carlo fece addirittura adottare il figlio Pipino da Liutprando, tramite la già ricordata cerimonia del taglio dei capelli.

Morto nel 731 il Duca di Benevento Romualdo II, sempre nel 732 Liutprando riuscì vittoriosamente a

▶ **Grimoaldo (Cividale, 600 circa – 671) fu Re dei Longobardi e Re d'Italia dal 662 al 671.**
Nonostante l'immagine di spregiudicatezza che suggerisce l'eliminazione di Godeperto, Grimoaldo venne trattato molto favorevolmente da Paolo Diacono, che nella sua Historia Langobardorum ne narra le gesta nel quarto e nel quinto libro dove testualmente narra: " *Fuit autem corpore praevalidus, audacia primus, calvo capite, barba prominenti, non minus consilio quam viribus decoratus* ". Traduzione: Fu gagliardo di corpo, primo fra tutti per audacia, dalla testa calva, dalla lunga barba, ornato di saggezza non meno che di forza.

Grimoald I (c. 610 – 671) was duke of Benevento (651–662) and king of the Lombards (662–671).

◀ Gasindo longobardo in armatura completa da battaglia
Lombard gasindum in complete battle armour.

◀ **Ansprando (657 circa – Pavia, luglio 712) fu Re dei Longobardi e Re d'Italia nel 712.** Dal 688 al 701 era stato Duca di Asti. Sconfitto a Novara da Ragiperto. Riparò in esilio e nel 712 riuscì grazie ad una vittoria sul campo a diventare Re, morì solo dopo tre mesi.

Ansprand (ca. 657 – 712) was king of the Lombards briefly in 712. Before that he was the duke of Asti and regent during the minority of Liutpert (700–701). He was defeated at Novara by Raginpert and exiled during the subsequent war over the succession, fleeing to the court of Theudebert, duke of Bavaria, in 702. He ascended the throne in March of 1712 and died three months later.

▶ **Chiesa di San Michele arcangelo a Monte Sant'Angelo (FG).** I longobardi nutrivano una particolare venerazione per l'arcangelo Michele, nel quale ritrovavano le virtù guerriere un tempo adorate nel dio germanico Odino, e già a partire dal VII secolo considerarono il santuario garganico il santuario nazionale dei Longobardi.

The Sanctuary of Monte Sant'Angelo sul Gargano, sometimes, is the most important Lombard sanctuary.

interferire nelle lotte per la successione, imponendo come nuovo Duca il nipote Gregorio. Gisulfo II, il figlio di Romualdo II e nipote di Liutprando, fu invece condotto dal Re a Pavia per la sua eDucazione. È dello stesso anno anche la presa di Ravenna grazie all'azione di un altro nipote del Re, Ildeprando (che verrà successivamente associato al trono), e del Duca di Vicenza Peredeo. La conquista si rivelerà purtroppo effimera: il nuovo Papa Gregorio III (in carica dal 731), non vedendo di buon occhio un simile potere nelle mani del Re longobardo, si rivolse ai Veneziani, che riuscirono a riconquistare all'Impero Ravenna. Fallì invece l'offensiva bizantina volta a riprendere possesso di Bologna.
Nel 739 il Duca di Spoleto Trasmondo si ribellò al Re, ma fuggì dopo aver saputo che Liutprando si stava dirigendo contro di lui con un esercito. Al Re non restò che provvedere a designare un Duca a lui fedele nella persona di Ilderico. Si rimise poi in marcia verso Roma, dove era fuggito Trasmondo; ma poiché il Papa non volle consegnare il traditore, Liutprando procedette alla conquista di Amelia, Orte, Blera e Bomarzo. Decise poi di ritirarsi e tornare a nord.
Alcuni mesi dopo, tuttavia, Trasmondo riuscì, con l'aiuto del Papa, a riconquistare il Ducato che aveva perduto. Nello stesso periodo morì a Benevento il Duca Gregorio; probabilmente il partito più favorevole all'autonomia rispetto al potere del Re elesse quindi Duca Godescalco. Questi cambiamenti, come si capirà, non incontrarono certo il favore di Liutprando. Nel 741 la morte di Gregorio III cambiò ancora una volta le carte in tavola: il nuovo Pontefice, Zaccaria, si disse propenso ad evitare di concedere ulteriore aiuto a Transmondo in cambio della restituzione delle conquiste effettuate da Liutprando nel 739. Concluso il patto, nel 742 il Re mosse contro il Duca di Spoleto, rimosse Transmondo, costringendolo a farsi chierico, e nominò al suo posto il nipote Agiprando. La marcià proseguì poi verso sud, onde regolare una volta per tutti i conti anche con i Beneventani. All'approssimarsi dell'esercito Godescalco tentò di fuggire, ma venne ucciso da alcuni Longobardi a lui ostili. Il Re concesse quindi il Ducato al nipote Gisulfo II.
Nel 743 il Re intraprese una nuova campagna contro l'Esarcato, e solo l'ennesimo intervento di Papa Zaccaria riuscì a impedire la probabile definitiva conquista dei restanti territori bizantini: il Pontefice infatti persuase Liutprando a rinunciare allo scontro.
Nel 744 Liutprando morì. Lasciava in eredità al suo successore, Ildeprando, un Regno longobardo forte, compatto ed esteso come mai prima d'allora. La situazione sarebbe rapidamente cambiata.
Nello stesso 744 i Duchi destituirono Ildeprando ed elessero Re Ratchis, Duca del Friuli. Il sovrano, attraverso precise norme, cercò di sventare ogni possibile rischio di complotto o ribellione. Le stesse

preoccupazioni di instabilità interna furono probabilmente all'origine del suo matrimonio con una donna di origini romane, Tassia: il Re cercava evidentemente di favorire l'avvicinamento tra la componente romanica e quella longobarda del popolo, oltre che di allargare la sua sfera di consenso. Da ricordare è anche la pace che il sovrano concordò con il Papa.

Ma un Re, ricordiamolo, deve combattere e conquistare: nel 749 Ratchis dovette riprendere l'attività militare, probabilmente a causa di pressanti insistenze dei Duchi più legati alla tradizione. L'esercito longobardo dilagò nella Pentapoli e assediò Perugia, ma ben presto il sovrano venne convinto dal Papa Zaccaria a ritirarsi e rinunciare ai suoi propositi espansionistici. I Duchi non furono affatto felici del cambio di programma; riunitisi nuovamente in assemblea a Milano, essi nominarono Re il fratello di Ratchis, Astolfo. Fuggito a Roma, Ratchis si fece monaco a Montecassino, uscendo così di scena per alcuni anni.

Astolfo fu un Re deciso e assai legato alla tradizione, molto diverso dal predecessore: dopo aver riformato l'esercito stabilendo l'armamento a seconda del censo, già nel 750 conquistò Ferrara e Comacchio. L'anno successivo fu la volta di Ravenna.

Il nuovo Papa, Stefano II (dal 752), non poteva che essere perplesso dinanzi a questa politica aggressiva, anche perché Astolfo, pur essendo cattolico, non sembrava certo intenzionato a rinunciare ai territori controllati dalla chiesa. Fonte di ulteriore inquietudine dovettero essere anche gli eccellenti rapporti tra il Re e i Ducati di Spoleto e Benevento: il Pontefice era accerchiato senza scampo. Le preoccupazioni si tramutarono in realtà allorché Astolfo, molto sbrigativamente, domandò a Stefano II il pagamento di un tributo. Allo scontato rifiuto del Papa Astolfo reagì con una serie di incursioni che portarono anche alla presa di Ceccano.

Da Bisanzio, visti i recenti trascorsi, non ci si poteva certo attendere alcun aiuto; il Pontefice, fallita per l'intransigenza di Astolfo ogni possibilità di conciliazione, prese allora la decisione di rivolgersi ai Franchi. La situazione era in effetti assai propizia per un'alleanza tra questi ultimi e il Papato: ricordiamo brevemente che il figlio di Carlo Martello, Pipino, aveva da pochi anni destituito l'ultimo Re merovingio, rinchiudendolo in un convento. Pipino aveva quindi urgente bisogno di una cerimonia che sancisse la legittimità del suo potere, che era di fatto il risultato di un'usurpazione. Fu precisamente ciò che avvenne: il Papa concesse a Pipino e ai figli la consacrazione a sovrani dei Franchi (754), mentre il sovrano promise aiuto contro i Longobardi.

Astolfo intanto, consapevole del rischio che stava correndo, prese contatto con Carlomanno, fratello di Pipino, che nel 747 aveva scelto di farsi monaco a Montecassino. Carlomanno tornò in Francia per cercare di impedire l'imminente guerra tra Franchi e Longobardi, ma venne ben presto confinato in un monastero presso Vienne, dove morì poco dopo.

La guerra alla fine scoppiò nello stesso 754: l'esercito franco sconfisse i Longobardi presso le chiuse di Susa, il che costrinse Astolfo a ritirarsi a Pavia. I Franchi non riuscirono a prendere la capitale, ma la loro invasione si propagò rapidamente. La situazione critica del Regno indusse Astolfo a chiedere la pace, per la quale dovette consegnare alcuni ostaggi, riconoscere

◄ **Astolfo** (Cividale del Friuli, ... – Pavia, dicembre 756) fu Re dei Longobardi e Re d'Italia dal 749 al 756. Qui lo vediamo a sinistra in un bassorilievo del portale dell'abbazia di Nonantola. Agli inizi degli anni Cinquanta dell'VIII secolo raggiunse una posizione di potere sull'Italia pari, se non superiore, a quella dei suoi grandi predecessori Grimoaldo e Liutprando, tanto da sfiorare la piena unificazione della Penisola sotto il suo scettro.

Aistulf (died 756) was the Duke of Friuli from 744, King of Lombards from 749, and Duke of Spoleto from 751. His father was the Duke Pemmo.

► **La Corona Ferrea è un'antica e preziosa corona** che venne usata dall'Alto Medioevo fino al XIX secolo per l'incoronazione dei Re d'Italia. La tradizione la vuole attribuire alla regina Teodolinda. Secondo alcune ricerche tuttavia pare che la corona sia da datare qualche secolo prima. Essa potrebbe essere stata un'insegna reale ostrogota, passata poi ai Longobardi e quindi ai Carolingi.

The Iron Crown of Lombardy (Corona Ferrea) is one of the oldest royal insignia of Europe. The crown became one of the symbols of the Kingdom of Lombards and later of the medieval Kingdom of Italy. It is kept in the Cathedral of Monza.

la supremazia dei Franchi e concedere alcuni territori al Papa, che furono peraltro consegnati solo parzialmente.
Nel 756 Astolfo cinse d'assedio Roma, pretendendo la consegna di Stefano II; Pipino scese nuovamente in Italia e, dopo aver nuovamente sconfitto i Longobardi alle chiuse di Susa, assediò Pavia. Le condizioni della nuova pace furono ben più dure della precedente: oltre all'obbligo di versare un tributo annuale, fu imposta anche la restituzione delle recenti conquiste ai danni dell'Esarcato, non a Bisanzio ma a Roma. Anche stavolta, tuttavia, la consegna dei territori procedette a rilento, e la questione rimase in sospeso.
Dopo qualche tempo Astolfo morì, non sul campo di battaglia ma in un banale incidente di caccia. Il Regno dei Longobardi era stato certamente ridimensionato, ma la cosa veramente grave era l'evidente debolezza militare che l'esercito aveva dimostrato contro i Franchi. Segno inequivocabile della crisi fu senza dubbio la scelta del nuovo Re: non si trovò niente di meglio che richiamare da Montecassino Ratchis. Il secondo regno di quest'ultimo non durò a lungo: a reclamare il trono si fece avanti Desiderio, che Astolfo aveva nominato suo uomo di fiducia in Tuscia.
Desiderio poteva inoltre contare su un consistente appoggio nel bresciano, avendo sposato Ansa, una donna appartenente all'aristocrazia locale. A Brescia la coppia reale fondò tra l'altro un monastero inizialmente dedicato a San Salvatore (poi a Santa Giulia), di cui la prima badessa fu una delle loro figlie, Anselperga.
Il nuovo pretendente al trono ottenne l'appoggio del Papa e di Pipino impegnandosi a concludere finalmente la restituzione dei territori prevista dai trattati di pace, cosa che avvenne poi solo parzialmente. Fu così che nel 757 Ratchis fece ritorno a Montecassino, lasciando il trono a Desiderio, ultimo Re dei Longobardi. Un trono che peraltro dovette essere assai scomodo viste le molte difficoltà che il Regno stava attraversando.
I Ducati di Spoleto e Benevento avevano infatti approfittato del momento di debolezza conseguente alla doppia sconfitta e poi alla morte di Astolfo per ritrovare l'indipendenza dal potere regio.

Nello stesso anno 757 Stefano II morì; il suo successore, Paolo I, fu eletto in una situazione di notevole tensione interna, cosa di cui Desiderio poté approfittare per rimandare le restituzioni promesse.
Per cercare di comprendere la mentalità diffusa nell'ambiente della Curia Romana è opportuno ricordare che forse sotto il pontificato di Paolo I venne elaborata la *Donatio Costanini*; in questo documento, la cui falsità venne dimostrata nel XV secolo da Lorenzo Valla, si racconta di come l'Imperatore Costantino, per ringraziare il Papa Silvestro I di averlo guarito dalla lebbra, avrebbe concesso al Pontefice la sovranità su tutto l'Impero Romano d'Occidente. Anche se la questione è dibattuta, e alcuni storici pongono la stesura del documento a fine VIII secolo, è comunque ragionevole pensare che le idee di fondo ivi contenute fossero diffuse anche precedentemente. Se anche il documento non fu redatto nel decennio di pontificato di Paolo I, è quindi lecito ritenere che il Papa pensasse alla sua carica come effettivamente investita di un potere sovrano sull'occidente.
Desiderio si adoperò per consolidare e stabilizzare il suo potere in Italia, favorito anche dall'impossibilità di Pipino a effettuare eventuali interventi in Italia a causa di una difficile situazione interna. Per prima cosa il Re riportò i Ducati di Spoleto e Benevento sotto il suo controllo, insediando in qualità di Duchi uomini a lui fedeli; in particolare diede in moglie la figlia Adelperga al Duca di Benevento, Arechi II. Questa unione rappresentò il primo passo di una serie di accorte alleanze matrimoniali. Nel 759 Adelchi, figlio di Desiderio, venne associato al trono. Seguì, nel 763, un importante accordo con il Papa; nello stesso anno il Re diede in sposa un'altra delle sue figlie, Liutperga, al Duca di Baviera, per sancire un'alleanza contro eventuali azioni ostili da parte dei Franchi.
E poi, negli anni, 767 e 768, la prima grande svolta: la morte prima di Paolo I e poi di Pipino.
La crescente importanza dell'embrionale Stato della Chiesa rendeva sempre più appetibile alle varie famiglie aristocratiche locali aggiudicarsi il soglio papale. E alla morte di Paolo I i contrasti ricominciarono. Il Duca di Nepi, Totone, impose con la forza il fratello Costantino, ma il Primicerio (capo della cancelleria apostolica) Cristoforo, non appoggiando tale scelta, si rivolse a Desiderio per ottenere aiuto. Al Re non parve probabilmente vero di avere la possibilità di giocare un ruolo nella successione papale. Un esercito proveniente da Spoleto e guidato da Valdiperto, un uomo di Desiderio, si mosse quindi verso Roma nel 768. Dopo alcuni scontri, durante i quali restò ucciso lo stesso Totone, Valdiperto provò a far eleggere Papa un cappellano di nome Filippo, che fu tuttavia costretto a rinunciare alla carica il giorno stesso, a causa dell'opposizione di Cristoforo. Venne quindi eletto Papa Stefano III, mentre Costantino, precedentemente catturato, fu in seguito accecato.
Desiderio non era stato in grado di imporre un suo uomo sul soglio pontificio, ma rappresentava comunque un indubbio successo il fatto che egli fosse riuscito a inserirsi nelle lotte per l'elezione del nuovo Papa, portando anche guerrieri in armi all'interno di Roma.
Poco dopo la morte di Pipino, inoltre, scoppiò tra i suoi due figli, Carlo e Carlomanno, una violenta

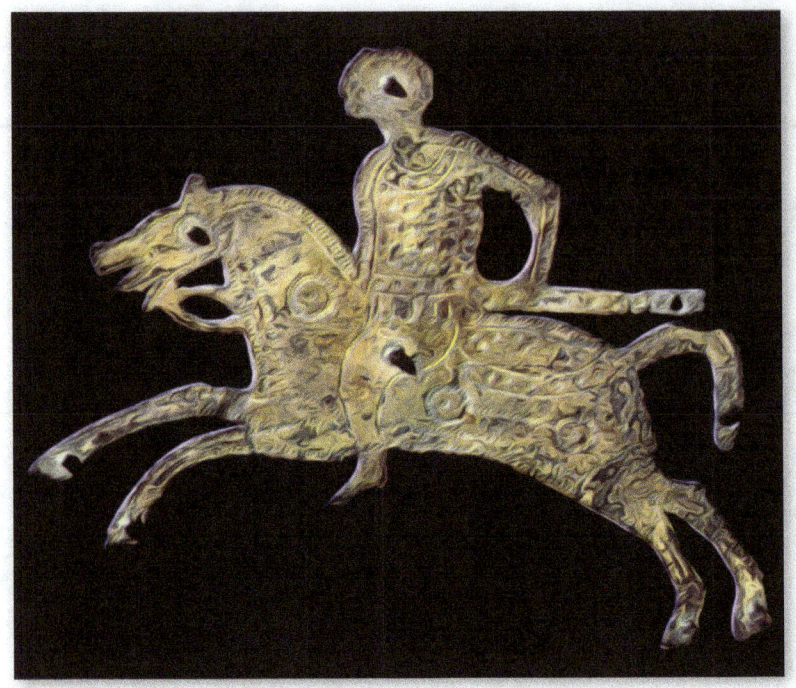

diatriba per la divisione del potere. Durante questo periodo pare che Desiderio abbia dato in sposa a Carlo una sua figlia, la celebre Ermengarda tramandataci da Manzoni nella sua tragedia ambientata negli ultimi anni di vita del Regno Longobardo, l'*Adelchi*. È stato recentemente sollevato qualche dubbio a proposito dell'effettiva celebrazione di questo matrimonio. La sola testimonianza contemporanea agli eventi che possediamo è in effetti una lettera che Papa Stefano III scrisse tra il 768 e il 771, indirizzata peraltro ad entrambi i sovrani franchi. Nella missiva il Pontefice esprimeva chiaramente il suo biasimo riguardo ad un'eventuale unione matrimoniale tra uno dei due fratelli e una figlia di Desiderio, ma altre testimonianze relative alla cerimonia sono rinvenibili solo in fonti più tarde, di fine VIII secolo o addirittura del IX.

Questo tema merita alcune precisazioni. Prima di tutto è necessario sfatare un mito: Ermengarda non si chiamava Ermengarda, nome inventato da Manzoni, né le fonti altomedievali ci offrono molte notizie riguardanti questo personaggio. L'assenza di informazioni potrebbe far pensare a una sorta di *damnatio memoriae* avvenuta a posteriori, dopo che Carlo ebbe ripudiato la consorte e conquistato, di lì a pochi anni, il Regno longobardo.

Ma torniamo per il momento al 771: in quell'anno il già citato Primicerio Cristoforo tentò di sfruttare la lite in corso tra i sovrani franchi per guadagnare ulteriore potere. Appellatosi a Carlomanno, si fece sostenitore di un suo intervento in Italia, cosa che non piacque né a Stefano III né a Carlo. Capo del partito avverso a Cristoforo fu a Roma il *Cubicularius* (sorta di cameriere personale del Papa) Paolo Afiarta, che richiese di nuovo un intervento di Desiderio. Il Re mosse pertanto verso Roma con l'esercito, e negli scontri che seguirono Cristoforo trovò la morte insieme ad alcuni dei suoi uomini. Il Re dei Longobardi poteva dichiararsi difensore del successore di San Pietro! La situazione si era evoluta in modo del tutto imprevisto, ma possiamo essere ragionevolmente sicuri del fatto che Stefano III non doveva essere particolarmente felice di dovere a Desiderio il mantenimento della sua carica: sfruttando la posizione di forza che aveva ottenuto salvando il Papa, il sovrano longobardo dilazionò ulteriormente la riconsegna dei territori promessi.

Desiderio sembrava quindi essere riuscito a ribaltare la complicata situazione iniziale del suo regno, riuscendo a rafforzare la posizione interna ed esterna tramite una politica di mirate alleanze matrimoniali e di opportuni interventi militari. Ma l'equilibrio raggiunto era precario, come dimostreranno gli avvenimenti successivi alla seconda grande svolta, che fu anche quella definitiva: la morte di Carlomanno, alla fine del 771, e quella di Stefano III, all'inizio del 772.

Con la morte del fratello Carlo si trovò ad essere l'unico Re del Regno franco, e fu finalmente in grado di svolgere un ruolo significativo negli eventi contemporanei. Come abbiamo precedentemente anticipato, Carlo ripudiò la figlia di Desiderio che aveva precedentemente preso in moglie, rompendo di fatto l'alleanza stretta con il Re longobardo. Desiderio a quel punto decise di accogliere ed accordare la sua protezione alla vedova e al figlio di Carlomanno, in fuga da eventuali ritorsioni da parte di Carlo. L'intento del sovrano era quello di far consacrare Re dei Franchi il figlio di Carlomanno. Ma a Roma il partito schierato contro i Longobardi aveva prevalso contro il gruppo capeggiato da Paolo

Afiarta, portando al soglio pontificio Adriano I, che rifiutò di eseguire quanto richiesto da Desiderio, premendo inoltre affinché fosse compiuta la restituzione dei soliti territori promessi tempo fa.

A Desiderio non restava che percorrere le pericolosa via della forza: attaccò l'Esarcato e ne riconquistò diverse città, cercando di obbligare il Pontefice a ungere il suo protetto. L'eliminazione di Paolo Afiarta, capo del partito a favore dei Longobardi, inasprì ulteriormente i già deteriorati rapporti tra il Re e il Papa, sicché Desiderio proseguì senza soste la sua marcia verso Roma. I pressanti appelli che Adriano I rivolse a Carlo affinché intervenisse a risolvere una situazione assai complicata non trovarono inizialmente risposta. Il Re franco aveva in quel momento altre e più urgenti preoccupazioni: aveva infatti avviato una campagna in Sassonia, e il controllo di quella zona era ben più importante ai fini della conservazione del suo Regno che non un intervento in Italia.

Fu infine nel 773 che Carlo passò all'azione: una parte del suo esercito, al suo comando, valicò le Alpi passando per il Moncenisio, mentre una seconda parte, capeggiata da suo zio Bernardo, passò attraverso l'attuale Gran San Bernardo. Sconfitto l'esercito longobardo presso le Chiuse in Val di Susa, i Franchi dilagarono ancora una volta per l'Italia settentrionale. Desiderio, come Astolfo prima di lui, si rinchiuse a Pavia, che questa volta dovette però cedere all'assedio dei nemici. La capitale del Regno longobardo venne espugnata nel 774. Il Re e la regina furono catturati, e Desiderio passò il resto della sua vita in un monastero in Francia. Suo figlio Adelchi riuscì a fuggire, trovando ospitalità presso i Bizantini e divenendo un punto di riferimento per la resistenza contro i Franchi. Negli anni a venire avrà ancora una parte negli avvenimenti relativi ai primi tempi del dominio carolingio.

Il Duca di Spoleto, Teodicio, aveva risposto alla chiamata alle armi di Desiderio, e trovò probabilmente la morte nella battaglia presso le Chiuse. Dopo il suo decesso Adriano I elesse Duca di Spoleto Ildeprando, probabilmente il capo del fronte di opposizione interna a Teodicio. Ildeprando e il suo gruppo si erano infatti rifugiati e Roma, all'apertura delle ostilità, onde evitare di prestare il servizio militare. Arechi II, Duca di Benevento e genero di Desiderio, non mosse invece un dito per aiutare il Re.

Dopo la conquista Carlo, avendo premura di ritornare in Sassonia, non compì grandi modifiche all'ordinamento del territorio, limitandosi ad allontanare gli oppositori più intransigenti e mantenendo al loro posto Duchi e funzionari che gli giurarono lealtà. Ma c'era ancora tempo per un ultimo sussulto di orgoglio: nel 775 il Duca del Friuli, Rotgaudo, e suo suocero Stabilinio, Duca di Treviso,

▶ **Desiderio**, noto anche come Daufer, Dauferius, Didier, in francese, e Desiderius, in latino (Brescia, ... – Liegi, post 774), fu Re dei Longobardi e Re d'Italia dal 756 al 774. Fin dall'inizio del suo regno cercò di consolidare il potere, in opposizione ai duchi di Spoleto e di Benevento, e di arginare l'influenza dei Franchi sul papato. Fu sconfitto da Carlo Magno che si proclamò rex Francorum et Langobardorum, mettendo fine alla dinastia longobarda.

Desiderius (also known as Daufer or Dauferius; Didier in French and Desiderio in Italian) was the last king of the Lombard Kingdom of northern Italy (died c. 786). He is chiefly known for his connection to Charlemagne, who married his daughter and conquered his realm.

◀ **Placca in bronzo dorato** raffigurante un cavaliere longobardo. Metà del VII secolo. Stabia, Svizzera.

Gilt bronze plaque depicting a Lombard knight. Mid-seventh century. Stabiae, Switzerland.

capeggiarono una ribellione che ottenne anche l'appoggio del Duca di Baviera, Tassilone. Nelle intenzioni di Rotgaudo la rivolta avrebbe dovuto propagarsi rapidamente per il Veneto, la Tuscia, Spoleto e Benevento, fino ad ottenere addirittura il sostegno di Bisanzio. Il piano tuttavia fallì a causa di contrasti di vedute tra i potenziali alleati, e d'altra parte Adriano I fu presto ad informare Carlo della sollevazione. Valicate nuovamente le Alpi, il Re franco si scontrò con l'esercito ribelle nel 776, presso il fiume Livenza (la zona precisa non ci è nota). L'esito della battaglia è sconosciuto a causa di uno stridente contrasto tra le fonti franche, sostenitrici ovviamente di una grande vittoria di Carlo, e quanto ci viene invece narrato dal cronista Andrea da Bergamo, che parla di un successo dei rivoltosi, tanto che Carlo fu costretto a patteggiare le condizioni della resa. Comunque andarono le cose, certo è che Carlo si decise a quel punto ad intervenire in modo più significativo nell'organizzazione politica della sua recente conquista. Avviò pertanto una politica di ricerca del consenso delle classi più povere,

▶ **La parte più interessante del tempietto longobardo di Cividale** mostra sei sante in stucco, eccezionalmente ben conservate.

The most interesting part of the temple of Lombard Cividale shows six saints in plaster, exceptionally well preserved.

◀ **Adelchi (o Adalgiso) (... – 788 ca.) fu un principe longobardo**, associato al trono dal 759 al 774 dal padre Desiderio. La sconfitta subita ad opera dei franchi non gli permise di diventare Re.

Adalgis (died 788) was the son of Desiderius and the prince of the Langobards or Lombardia in Italy. After his father was defeated by Charlemagne in Pavia in 774, Adalgis took refuge in Byzantium.

introdusse anche in Italia l'istituto del *comitatus* e quello del rapporto vassallatico – beneficiario, basato sul legame di fedeltà personale tra un potente e un *vassus* (dal celtico *gwas*, servitore). Allo stesso tempo Carlo si fece sostenitore di un processo di immigrazione che portò in Italia numerosi uomini facenti parte delle élites franche, cui vennero affidate importanti posizioni istituzionali.

Ma tutto questo è già storia dell'Italia carolingia e non più longobarda, anche se è opportuno ricordare che alla conquista franca non fece seguito un'immigrazione massiccia dalle terre d'oltralpe, ma piuttosto un trasferimento di piccoli gruppi armati, i cui esponenti furono insediati nelle zone più strategicamente rilevanti. Bisogna dire che Desiderio aveva fatto tutto quanto era in suo potere per risollevare le sorti del Regno e mantenere una solida posizione nei confronti sia del Papa che di Carlo. Il Re, tuttavia, non riuscì mai a superare la diffidenza di almeno una parte dell'aristocrazia longobarda. Desiderio, semplice uomo di fiducia di Astolfo, non era neanche Duca quando con un colpo di mano, e sfruttando l'appoggio di Pipino, salì al trono, costringendo tra l'altro Ratchis, ex sovrano e fratello del defunto Re, a tornare a Montecassino. Il Regno longobardo aveva fatto il suo tempo; la sua inspiegabile debolezza militare nei confronti dei Franchi lo aveva portato alla rovina. La superiorità dei Franchi in campo militare è stato un tema a lungo discusso, e che non trova ancora una spiegazione definitiva. Entrambi i popoli sembravano riporre la loro fiducia, per la costituzione del nerbo dell'esercito, sui cavalieri pesantemente armati. Le differenze di armamento non paiono certo significative, e comunque non al punto di spiegare ripetute e palesi sconfitte. Una spiegazione potrebbe consistere nel fatto che i Longobardi erano ormai meno abituati a combattere rispetto ai Franchi, sempre sul chi vive a causa dei turbolenti vicini che li circondavano: Sassoni, Frisoni e Arabi, ai quali vanno aggiunte le varie etnie interne al Regno, non certo facili da gestire. L'esercito franco, inoltre, poteva contare su una presenza di clientele assai maggiore rispetto a quello longobardo, nel quale militavano per la maggior parte proprietari terrieri di rango inferiore. Una questione di ricchezza, insomma: l'aristocrazia franca, più ricca e potente, sarebbe stata in grado di procurarsi clientele meglio armate rispetto agli esigui seguiti dei maggiori proprietari terrieri Longobardi, che non potevano vantare un'opulenza pari ai loro vicini d'oltralpe. Non che si voglia negare l'indiscussa supremazia militare dei Longobardi in Italia, perlomeno negli ultimi cent'anni di esistenza del loro Regno. Ma questa superiorità era dovuta più che altro alla modestia dei nemici che si trovarono ad affrontare più che a una loro inarrestabile forza, che al contrario si deve certamente riconoscere ai Franchi.

CENNI DI ORGANIZZAZIONE SOCIALE E MILITARE

È chiaro che la società longobarda non rimase immutata durante i due secoli che vanno dalla loro calata nella penisola italica alla conquista carolingia. Da forme di organizzazione inizialmente tipiche delle popolazioni germaniche, il contatto e la progressiva fusione con la popolazione romanica e la definitiva sedentarizzazione determinarono un'evoluzione dei rapporti sociali.

A fine VI secolo la condizione imprescindibile per il riconoscimento della propria libertà era ancora l'esercizio delle armi; non a caso il singolo Longobardo veniva designato come Arimanno (ovvero l'uomo dell'esercito, in condizione di portare le armi). L'assemblea del popolo era dunque l'assemblea degli Arimanni, che si presentavano armati alle riunioni: l'assenso degli astanti veniva infatti manifestato percuotendo gli scudi con le lance (rituale denominato *gairethinx*, tramite il quale fu approvato anche l'Editto di Rotari). In posizione subordinata all'Arimanno stavano poi i semiliberi, o *aldi*, e infine i servi, generalmente individui facenti parte di altri popoli sottomessi, cui era negata la possibilità di combattere. Costoro erano privi di diritti e, nel caso dei servi, erano considerati alla stregua di oggetti. La struttura base dell'inquadramento del popolo era la fara, ovvero una sorta di clan parentale, formata da uomini che condividevano legami di sangue. Suddivisi nelle loro fare i Longobardi scendevano anche in guerra, il che evidenzia ulteriormente come l'ambito militare e civile fossero strettamente intrecciati. Queste caratteristiche, come detto, sono tipiche delle società germaniche in generale: Tacito, nel *Germania* ce ne fornisce un quadro esaustivo.

Al momento dell'invasione dell'Italia diverse città, dopo essere stata conquistate, vengono lasciate in gestione da Alboino ad alcuni Duchi, comandanti militari secondi solo al Re. Le fare si suddivisero di conseguenza: ricordiamo che quando Alboino volle stanziare a Cividale il nipote Gisulfo, costui pretese di poter scegliere le migliori fare affinché rimanessero in città con lui.

Il Re, infine, era il comandante supremo dell'esercito.

Abbiamo già avuto modo di considerare questa sua marcata connotazione militare

▶ **Nobile guerriero longobardo,** modello prodotto dalla EMI e realizzato dall'autore.

Lombard noble warrior. the model was produced by EMI and painted by the author.

◀ Per i Longobardi, popolo guerriero e bellicoso, l'esercizio delle armi era di primaria importanza; non a caso una delle principali prerogative del Re era la conduzione dell'esercito in guerra.

Soldiering was of essential importance for the Lombards, known as a warlike nation, in fact leaving for the war was one of the principal prerogative of their King.

esaminando le varie ribellioni di Duchi scontenti della politica di espansione territoriale del loro attuale sovrano (per esempio il caso di Adaloaldo): un Re che non si occupa di faccende militari, che non conquista, che non combatte, non è un Re.

L'Italia che i Longobardi trovarono nel 569 era una realtà assai diversa da quella visibile nel periodo di apogeo dell'Impero Romano. Le continue invasioni e le lunghe guerre avevano provocato uno stato di insicurezza e determinato profondi cambiamenti all'interno delle città; l'edificazione di strutture difensive contribuì spesso all'abbandono di intere zone che si vennero a trovare fuori dalle mura. In questo contesto si colloca anche la costruzione di diversi castelli. Un ulteriore fattore che contribuì a mutare l'immagine della città fu la definitiva affermazione del Cristianesimo, con conseguente fondazione di nuovi edifici di culto. Al loro arrivo i Longobardi presero possesso della maggior parte della terra, fattore in base al quale, dal secolo successivo, verranno costituendosi le distinzioni sociali. È infatti nel corso del VII secolo, in parallelo all'avanzamento del processo di integrazione tra Longobardi e Romani, che si vengono perfezionando anche le forme di controllo e organizzazione del territorio. Possedere terra significava ormai avere la possibilità di mantenersi, di esercitare una qualche forma di dominio sugli uomini che la lavoravano, di essere in grado di stringere alleanze. In ambito matrimoniale, ad esempio, i futuri sposi si scambiavano doni comprendenti anche beni fondiari.

Una semplice ma assai significativa constatazione varrà a chiarire meglio il concetto: se inizialmente la terra veniva genericamente considerate proprietà della fara, già l'Editto di Rotari si riferisce al singolo come proprietario. In esso si trovano infatti diverse norme poste a tutela della proprietà individuale, ma anche a protezione dei meno abbienti nei confronti di eventuali soprusi dei più ricchi. È inoltre opportuno sottolineare che i Longobardi, pur cercando nuove forme di gestione del territorio che integrassero le loro abitudini con la tradizione romana cui erano venuti a contatto, non mantennero il sistema di riscossione delle imposte; la conseguente impossibilità di stipendiare e pagare i dovuti equipaggiamenti all'esercito fece sì che ogni uomo libero, oltre a dover prestare gratuitamente il servizio militare, dovesse procurarsi autonomamente anche l'armamento. Gli effetti di questa situazione, come vedremo, si protrarranno anche nel secolo successivo.

I liberi erano tenuti a presentarsi alla chiamata alle armi al seguito del Re, del Duca locale o di altri ufficiali pubblici, dei quali conosciamo i nomi (*stratores, referendarii, sculdasci, spatarii*) ma non il preciso ruolo.

Nel secolo VIII, con l'ormai completato processo di integrazione tra etnia Longobarda e Romana, i mutamenti intercorsi tra la struttura primitiva della società e quella attuale sono ormai evidenti. Prima di tutto una veloce precisazione: si è già parlato dell'impegno di Re Liutprando nel settore legislativo e dell'accresciuto ruolo della capitale in qualità di centro politico del regno, ma si presti attenzione a non esagerare la portata di questi cambiamenti. Questi innegabili progressi non significano certo che si possa parlare di uno Stato nel significato che noi attribuiamo alla parola.

I potenti del Regno erano ormai i proprietari terrieri che si circondavano di una fitta clientela, cioè un insieme di uomini di fiducia cui il proprietario terriero aveva concesso un bene, una fonte di guadagno che consentisse loro di provvedere adeguatamente alle spese di armamento personale. Esemplare è il caso del *Gasindio*, che aveva giurato fedeltà direttamente al Re. Anche per questo periodo non siamo tuttavia in grado di stabilire con precisione eventuali gerarchie di comando all'interno dell'esercito. Re Liutprando stabilì comunque un limite agli esoneri che gli ufficiali addetti al reclutamento potevano concedere. Gli *Iudices*, qualifica che comprendeva probabilmente i Duchi e i Gastaldi, avevano la possibilità di esonerare sei uomini in possesso di un cavallo e dieci uomini che ne erano privi, mentre per gli *sculdasci* il numero di uomini cui poteva essere concessa l'esenzione si riduceva alla metà. Re Astolfo, infine, promulgò delle norme che stabilivano il tipo di armamento che ciascuno doveva procurarsi a seconda del reddito. I mercanti e i proprietari terrieri più ricchi dovevano procurarsi un equipaggiamento da cavalleria pesante; per coloro in possesso di più modeste risorse era previsto un armamento da cavalleria leggera, mentre per i più poveri sarebbero bastati scudo con arco e frecce. Da queste leggi emerge ormai chiaramente l'importanza attribuita ai guerrieri a cavallo, che costituivano il nerbo dell'esercito. Costoro erano anche i più ricchi uomini del Regno e le loro spese di equipaggiamento erano pertanto le più alte. I più poveri invece dovevano procurarsi arco e frecce, il che evidenzia la scarsa considerazione di cui ormai godevano.

Anche esaminando le sepolture e i corredi funebri è possibile ricavare molti utili elementi che aiutano a studiare la nuova società, le cui caratteristiche sono sempre più differenti da quella più antica. L'ambito funebre cominciò infatti ad essere considerato, almeno fino alla fine del VII secolo, un contesto entro il quale alle élites era possibile ribadire la distanza che le separava dal resto del popolo; oltre tale data viene meno questo sistema di ostentazione dello status sociale. Significative sono ad esempio la diversità di ricchezza dei corredi e la presenza di più o meno armi; considerando inoltre le inumazioni in cui sono presenti anche il cavallo del morto, oltre alla sella o agli altri oggetti tipici del cavaliere, risulta evidente come il combattimento a cavallo fosse connesso all'elevato rango sociale. Siamo in grado di fare ulteriori considerazioni sullo stesso argomento facendo riferimento ai cosiddetti *tesori*, sorta di contenitori di oggetti preziosi utilizzati in varie occasioni allo scopo di ribadire la differenza di status. I tesori comprendevano gioielli da donna, oggetti relativi alla liturgia e al momento del banchetto.

▶ **Croce in lamina d'oro, museo archeologico di Bergamo.**

Cross in gold foil, preserved in the archaeological museum in Bergamo (Italy)

◀ **Particolare di un rilievo longobardo.** Cividale del Friuli Museo Cristiano Tesoro del Duomo.

Detail of a Lombard relief. Cividale of Friuli, Christian Museum of the Cathedral Treasury.

APPROFONDIMENTI A PROPOSITO DELL'ASSEDIO DI PAVIA

Re Alboino e l'Imperatore Aureliano: cos'hanno in comune questi due uomini? Ebbene, la *Historia Langobardorum* narra che Alboino, durante l'assedio della futura capitale, si ripropose di sterminare l'intera popolazione della città per punire gli abitanti di averlo fatto tanto penare. Dopo tre lunghi anni di ostinata resistenza (ci dice Paolo Diacono) finalmente Pavia si arrese. A questo punto la narrazione presenta un curioso episodio: mentre Alboino stava entrando in città il suo cavallo, in procinto di attraversare la porta orientale, cadde a terra e non riuscì a rialzarsi finché il Re non decise, dietro consiglio di uno dei suoi uomini, di rompere il voto che aveva fatto e garantire l'incolumità della popolazione. Un ignoto Longobardo suggerì infatti al suo Re di concedere clemenza alla città, "*vere etenim christianus est populus in hac civitate*", ovvero "poiché è veramente cristiano il popolo di questa città". Gli abitanti di Pavia a quel punto accorsero a lui con gioia, rendendogli omaggio a palazzo.

Una semplice leggenda, senza dubbio. Ma se sfogliamo la Vita di Aureliano presente nella *Historia Augusta* (una raccolta delle vite degli Imperatori romani da Adriano a Numeriano), notiamo che anche di Aureliano, durante la campagna militare contro il Regno di Palmira, si narra una situazione simile. L'Imperatore aveva infatti minacciato di morte gli abitanti della città di Tiana, che gli aveva opposto resistenza, ma il filosofo Apollonio di Tiana gli apparve in sogno ammonendolo di non portare a termine il suo macabro proposito, pena la vita. Aureliano a quel punto si risolse a concedere il suo perdono alla città, risparmiandone la popolazione. Lo stesso perdono l'Imperatore concesse poco tempo dopo alla città di Antiochia.

Il collegamento tra i due episodi è evidente: è pertanto lecito pensare che gli autori da cui Paolo Diacono ha tratto l'episodio di Alboino fossero a conoscenza di quanto narrato nella *Historia Augusta*. Non è certo un mistero che Paolo Diacono abbia tratto numerosi elementi da opere precedenti per soddisfare il suo gusto del fantastico e abbellire le vicende che stava raccontando. In particolare vi sono molti episodi nel cosiddetto "Ciclo di Grimoaldo" che sono senza dubbio ispirati a narrazioni anteriori. I topos dell'episodio dell'assedio, il perdono di una città minacciata e successiva resa di omaggio a colui che aveva concesso clemenza, sono parimenti rinvenibili in fonti precedenti. È senza

◀ **Umbone di scudo longobardo con finiture in oro.**

Lombard shield boss with gold trim.

▶ **Particolare di spada e parti di cintura di guerrieri longobardo** ritrovate in una tomba del nord Italia.

Particular of a sword and parts of belt of warriors Lombard, found in a tomb in northern Italy.

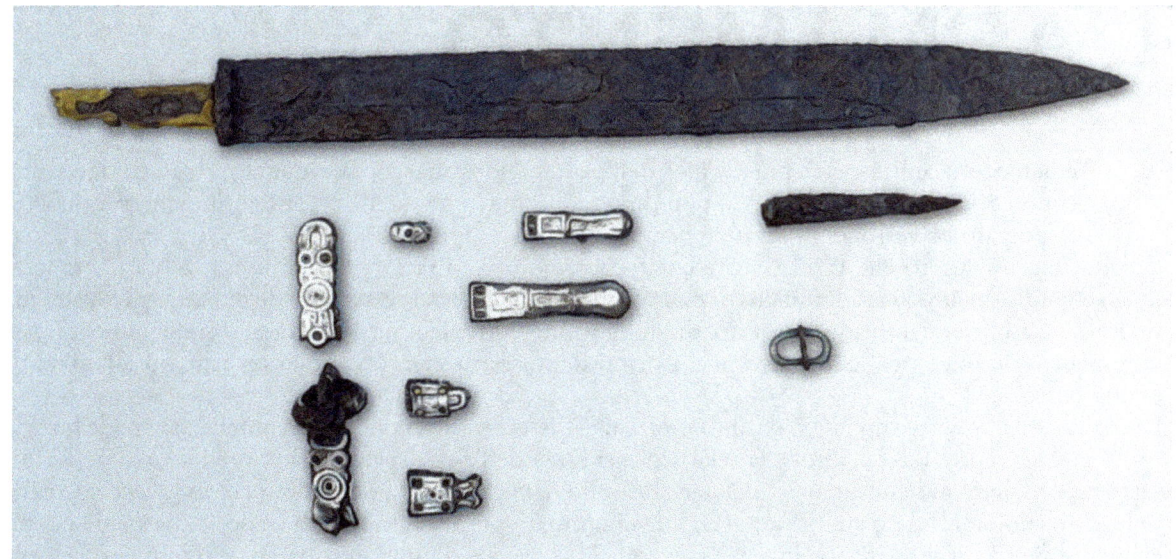

dubbio significativo il fatto che Pavia venga presentata dall'ignoto guerriero longobardo che si rivolge ad Alboino come città veramente cristiana. Cosa infatti poteva importare al Re, ariano se non pagano, della professione di fede cattolica degli abitanti della città espugnata? Il fatto è che anche l'Antiochia di Aureliano era una città "veramente cristiana".

Ma oltre a trarre elementi dagli autori precedenti, se si analizzano con maggior precisione le vicende inerenti all'assedio di Pavia, ci si rende conto che lo stesso Paolo Diacono deve aver svolto una parte non indifferente nell'elaborazione di questo episodio. Vediamo in che modo.

L'assedio, come già detto, viene descritto come durato tre anni, periodo eccessivamente lungo che stride non poco con gli altri dati cronologici. Inoltre non c'era alcun motivo per impuntarsi sulla conquista di Pavia, città importante, senza dubbio, ma non più di altre che non furono assolutamente toccate dall'azione militare coordinata da Alboino. Perché, insomma, accanirsi in questo modo verso una città che non valeva l'impegno che stava richiedendo per espugnarla? Forse che il Re era spinto dal ricordo dell'importanza che la città aveva avuto in passato? No, perché la residenza di Alboino fu, ricordiamolo, Verona, e solo molti anni dopo Pavia divenne effettivamente la capitale del Regno longobardo. Difficile che l'assedio sia durato tre anni, insomma, ma è anche lecito dubitare del fatto che l'assedio sia realmente avvenuto.

Quali dunque le possibili spiegazioni per queste incongruenze? Se sfogliamo la *Historia Romana* dello stesso Paolo Diacono, notiamo che il nostro cronista, parlando degli assedi di Aquileia da parte di Attila e di Ravenna ad opera di Teodorico, stabilisce per entrambi la durata di tre anni. Confrontando inoltre la descrizione dell'assedio di Ravenna contenuto nella *Historia Romana* e quella dell'assedio di Pavia della *Historia Langobardorum*, risulta evidente che i due episodi siano anche narrati in modo estremamente simile.

Per quanto riguarda il prodigio della caduta del cavallo, infine, è parimenti possibile rinvenire episodi analoghi in opere precedenti di cui Paolo Diacono o qualche autore a lui anteriore potevano essere senza alcun problema a conoscenza.

Una costruzione a posteriori insomma, un'ingegnosa elaborazione di un evento, la presa di Pavia, avvenuto in modi probabilmente molto diversi circa due secoli prima. Elaborazione che non trascura il campo del meraviglioso e del prodigioso, prendendo spunto da opere e compilazioni precedenti; lo scopo, manifesto, era quindi la semplice nobilitazione, il conferimento di uno status particolare a una città che era stata capitale del Ragno Longobardo, al tempo in cui questo Regno era finito, conquistato da Carlo Magno.

(Per un approfondimento delle tematiche sopra trattate si rimanda al saggio di Aldo A. Settia, "Aureliano Imperatore e il cavallo di Re Alboino. Tradizione ed elaborazione nelle fonti pavesi di Paolo Diacono").

L'ARMAMENTO

Veniamo ora agli aspetti più tecnici dell'esercito longobardo. Per quanto riguarda le nostre conoscenze in merito alle armi, non dissimili peraltro da quelle usate dai Franchi, particolare importanza rivestono gli scavi archeologici e i corredi funerari.

È bene chiarire subito che l'ascia, scure o *francisca*, non era affatto un'arma usata solo dai Franchi, luogo comune dovuto al gran numero di esemplari rinvenuti oltralpe a fronte degli scarsi ritrovamenti in Italia. L'ascia era un'arma da getto di dimensioni variabili, ma utilizzata sostanzialmente per scompigliare le linee nemiche e arrecarvi i primi danni attraverso un lancio coordinato all'inizio di ogni scontro.

La spada, o *spatha*, aveva un taglio da ambo i lati, ma esistevano, a seconda della lunghezza, spade lunghe (75 – 90 cm) e corte (40 cm circa). la relativa leggerezza dell'elsa rispetto alla punta ha fatto pensare a un'arma destinata più che altro ai guerrieri a cavallo. L'impugnatura e il fodero erano invece costruiti in legno o cuoio. Il fodero era fissato al codolo tramite un pomolo a forma di trapezio. La spada era un elemento significativo per sottolineare l'elevato status sociale di un uomo, come testimoniano le fonti e i ritrovamenti archeologici. Un discorso parzialmente diverso va fatto a proposito dello *scramasax*, inizialmente una sorta di coltello più grosso della media, ad un solo taglio e dotato di punta ricurva, ma che aumenterà progressivamente le sue dimensioni nel corso del VII secolo, sino a raggiungere, nell'VIII, la considerevole lunghezza di 80 cm.

Alla spada va chiaramente associata una cintura, che oltre a consentire il fissaggio dell'arma, aveva anche lo scopo di ribadire l'elevato rango sociale di un individuo. Tipologie e decorazioni delle cinture sono assai varie.

Lo scudo, o *scutum*, era di legno ricoperto di cuoio, di forma circolare. Il diametro variava dai 60 ai 90 cm. Di primaria importanza per lo studio dell'evoluzione di quest'arma è l'analisi del pezzo centrale fissato sul lato esterno dello scudo tramite alcune borchie, il cosiddetto umbone. Fino al VI secolo gli umboni, sempre di forma circolare, sono di dimensioni piuttosto ridotte, con una falda stretta e la parte più interna conica, mentre la vera e propria coppa è a forma di cono, largo alla base e appiattito. In seguito la falda si allarga, mentre la punta della coppa va progressivamente arrotondandosi. Lo scudo era inoltre provvisto di un braccio interno per consentire l'impugnatura. Anche quest'arma aveva un valore particolare nella tradizione germanica: basterà ricordare che sugli scudi si batteva la lancia nell'assemblea per manifestare assenso, mentre dopo la consegna dello scudo il giovane guerriero poteva finalmente partecipare agli scontri armati.

◄ **Umbone di scudo longobardo in ferro del VI sec. Musei civici di Treviso**

Lombard iron shield boss of VI century. Musei civici of Treviso (Italy).

► **Particolare molto interessante di Spatha e coltelli longobardi.**

Very intersting detail of a Lombard spatha and knives.

Di elmi le sepolture sono assai povere, ma siamo tuttavia a conoscenza di esemplari molto semplici, costituiti da un modesto caschetto metallico al cui interno era fissato uno strato di cuoio, e di esemplari più elaborati, formati da lamelle legate tra loro. Questi ultimi erano inoltre dotati di due parti che proteggevano i lati della testa, e di una maglia posteriore a protezione della nuca. Una piccola calotta terminava la parte superiore, mentre anteriormente veniva fissata sopra gli occhi una lamina a protezione della fronte. Particolarmente conosciuta è fra queste la cosiddetta "Lamina di Agilulfo", nella quale il Re è raffigurato seduto sul trono, mentre a lato stanno due guerrieri, due vittorie alate e altri quattro personaggi, due dei quali recanti una corona.

La corazza o *lorica* poteva essere di diversi tipi. Nota è ad esempio l'armatura costituita da una serie di fasce orizzontali composte da lamelle metalliche legate tra loro; la sua origine è collocabile in oriente, da dove si sarebbe poi gradualmente diffusa. Questo tipo di armatura veniva indossato e fissato al torace tramite due fasce, ugualmente composte da lamelle, che correvano sopra le spalle. L'elevato costo che corazze di questo tipo dovevano comportare, oltre alla scarsità di ritrovamenti di questi manufatti nelle tombe, spinge comunque a ritenere che le armature fossero più che altro costituite di materiale deperibile, più economico.

La lancia era costituita da un'asta di legno di lunghezza variabile terminante con una punta, inizialmente a forma di foglia di salice e successivamente a forma di foglia di alloro. Attraverso la punta correva la cannula. Le punte di lancia traforate erano probabilmente utilizzate come portastendardo. La lancia è un'arma particolarmente importante nella tradizione longobarda, in quanto simbolo stesso della regalità. Al Re neoeletto veniva ad esempio consegnata una lancia, ma anche nella *Historia Langobardorum* troviamo numerosi esempi di impieghi molto particolari e significativi della lancia. Re Agelmundo salva Lamissio, futuro Re, dall'annegamento porgendogli la sua lancia. Come scordare, infine, il presunto viaggio di Autari nel sud Italia, quando il Re, per segnare i confini fino ai quali avrebbe voluto estendere il suo Regno, colpisce la colonna nel mare con, ovviamente, una lancia? I Re facevano parte, insomma, della "Stirpe di Gungnir", la mitica lancia posseduta dal Dio Odino che aveva la virtù di colpire il suo obbiettivo senza possibilità di errore. L'influenza di questo mito è evidente nella concezione della lancia quale simbolo del potere regio. Una variante di lancia molto utilizzata dai Franchi era l'angone, la cui punta era dotata di ulteriori spuntoni ricurvi che impedivano l'estrazione dell'arma dalla carne o dallo scudo in cui si era conficcata.

Nemmeno di archi sono stati rinvenuti molti esemplari, per cui ci dobbiamo accontentare della presenza di punte di freccia, dalle forma più varie, per avere una conferma dell'uso di quest'arma, il cui utilizzo venne probabilmente a imporsi in seguito ai contatti con le popolazioni orientali. Un discorso analogo può essere fatto per la staffa, la cui diffusione viene favorita dagli Àvari nel corso del VII secolo.

Parte 3ª: DALLA CADUTA DELL'IMPERO ROMANO (476) A QUELLA DELL'IMPERO GRECO
LONGOBARDI (Un Sculdascio)

LE TAVOLE - THE PLATES

TAV. A - 1) Gasindius armato con lancia e scudo, metà del VII sec. Il guerriero indossa un'armatura e un elmo lamellari e reca in vita la classica spatha. **2) Umbone a calotta Emisferica del tardo VI - VII secolo** conservato al Museo Archeologico di Bergamo. **3/5) Ricostruzione di armatura lamellare** basata sui reperti di Castel Trosino (AP) e Niederstotzingen (Germania) VII Sec. Evidenti le fasce utilizzate per fissare l'armatura sopra le spalle. Questo tipo di corazza rimanda probabilmente all'area orientale, da dove si sarebbe gradualmente diffusa in occidente grazie alla calata delle popolazioni della steppa, in particolare gli Àvari. **4) Cintura a Pendagli** da Castel Trosino (AP). I cinturini pendenti hanno probabilmente una funzione esclusivamente decorativa.

PLATE A - 1) Gasindius armed with the spear and the shield; half of the VIIth cent. The soldier is wearing a suit of lamellar armor and helmet and, on his waist, the typical spatha. 2) Hemisperical dome umbo of the late VIth – VIIth century preserved at the Archeological Museum of Bergamo. 3/5) Reconstruction of a lamellar armor based on the archeological finds of Castel Trosino (AP) and Niederstotzingen (Germany) of the VIIth cent. The bands, used to fix the armor at the back, are easy to be seen. This kind of armor was probably born in the East area and it spread in the West after the Avari's drop. 4) Belt with the pendants from Castel Trosino (AP). The pendants were probably used only with a decorative function.

TAV. B - 1/2) Ricostruzione di un elmo lamellare, basato sui reperti di Castel Trosino (AP) e Niederstotzingen (Germania) VII Sec. Sono ben distinguibili le varie parti: la maglia posteriore, la placca frontale, la piccola calotta superiore e le varie lamelle che lo componevano. Come si vede in figura, dalla piccola calotta superiore fuoriesce quella che era probabilmente una coda di cavallo, che doveva permettere il riconoscimento del Duca in battaglia. **3) Alcune ricostruzioni di spade** relative ai secoli VII/VIII. L'ultimo in basso è uno scramasax da cavaliere del VII Sec. da Cividale Del Friuli (UD). **4) Croci In Lamina D'oro** per uso Funebre.

PLATE B - 1/2) Reconstruction of a lamellar helmet based on the archeological finds of Castel Trosino (AP) and Niederstotzingen (Germany) of the VIIth cent. It is made by different parts: the back link, the frontal plate, the little upper dome and different thin blades.
The helmet with the common horsetail belonged to the Duke during the battle.

▶ Un bel esemplare di *scramasax* longobardo.
One fine exemplary of Lombards scramasax.

◀ **Il gasindio era, nella società longobarda,** un guerriero di basso rango, solitamente legato al sovrano da un patto vassallatico. Uomo di fiducia del Re, era - almeno formalmente - sottratto al diretto controllo del Duca titolare del territorio in cui viveva. Schizzo ottocentesco di Quinto Cenni.

The gasindio was, in Lombard society, a warrior of low rank. Trusted man of the king was removed from direct control of the Duke in the territory where lived. Sketch of Quinto Cenni.

3) Some reconstuction of swords of the VIIth – VIIIth cent. Below, the last sword is a knight's scramasax of the VIIth cent. from Cividale Del Friuli (UD). *4) Funeral golden leaf Crosses.*

TAV. C - 1/2) Scudi con umbone a tronco di cono; interessante notare nel secondo le cosiddette "Triquerte", decorazioni assai in voga presso i Longobardi. **3) Le cosiddette fibule** erano strumenti utilizzati per fissare le vesti. Ne esistevano diverse tipologie: nella tavola si vede una fibula ad arco femminile del VII Sec. **4) Teste d'ascia** databili tra la fine V Sec. e l'inizio del VI Sec. **5) Interessante ricostruzione di un'armatura a scaglie**, applicate ad un supporto di cuoio. L'armatura è dotata di lacci per assicurarla alla vita. **6) Umbone a calotta emisferica**, utilizzato probabilmente per uno scudo da parata, databile alla metà del VII Sec.

PLATE C - 1/2) Shields with conic section umbo; in the second shield there are the "Triquerte", very famous decoration among the Lombards. **3) The "fibulas"** were used to fix the dresses. There were different kinds of fibulas: in the picture there is an arc fibula for women, of the VII cent. **4) Heads of axe** of the late Vth cent. and the beginning of the VIth cent. **5) Reconstruction of a scale armor**, applied to a leather support. The armor has got some bands to fix it at the soldier's waist. **6) Hemisperical dome umbo** probably used for a shield during a parade of the half VII th cent.

TAV. D - 1) Ricco Arimanno di inizio VII Sec. Gli Arimanni (dal germanico "Heer", esercito, e "Mann", uomo) erano gli uomini adulti in grado di portare le armi, condizione irrinunciabile, secondo la cultura germanica, per definirsi un uomo libero. **2) Ricostruzione di spatha** con pomo ad anello; nell'immagine è ben visibile, accanto al classico pomo trapezoidale, il doppio anello decorativo. **3) Esempio di cintura detta a "5 Pezzi"**, inizio VII Sec. Più in uso presso i Germani dovette peraltro essere il modello a "3 Pezzi". Per un popolo guerriero la cintura, che consentiva il fissaggio dell'arma in vita, costituiva senza dubbio un capo indispensabile. **4) Ricostruzione di tunica** basata sul Piatto di "Isola Rizza" (VR) con decorazioni riprese dall'anello di "Rodchis" Trezzo D'adda (MI), VII Sec. **5) Ricostruzione di brache** basate sul modello "Thorsberg", ove sono stati rinvenuti vari reperti di notevole importanza. **6) Altri esempi di fibule ad Arco** per abito femminile.

PLATE D - 1) Rich "Arimanno" of the beginning of VIIth cent. The "Arimanni" (from the German "Heer", army, and "Mann", man) were the male adults able to fight. For the German culture, only the fighting men were considered free. ***2) Reconstruction of the spatha*** *with the ring pommel; in the picture, next to the typical trapezoidal pommel, there is the double decorative ring.* ***3) Belt called "5 parts"****, beginning of VIIth cent. However German people used especially the belt with "3 parts". The belt was essential for a German soldier to fix his sword.* ***4) Reconstruction of a tunic*** *based on the Plate of "Isola Rizza"(VR) with decorations resumed from "Rodchis"'s ring from Trezzo D'Adda (MI), VII cent.* ***5) Reconstruction of breeches*** *based on the "Thorsberg" model. In that place there's a very interesting archeological location.* ***6) Other Arc fibulas*** *for female dresses.*

TAV. E - 1) Un Arimanno osserva una novella coppia di sposi (2) mentre il marito consegna alla moglie il cosiddetto Dono del mattino (Morgengab). Troviamo notizia di questa consuetudine germanica anche nell'Editto di Rotari e in una successiva legge di Liutprando. La cerimonia si svolgeva subito dopo la prima notte di nozze, e attraverso di essa il matrimonio acquisiva piena validità.

PLATE E - 1) ***An Arimanno is looking at a newly-wed couple*** *(2) while the husband is giving his wife the morning Gift (Morgengab). The Rotari's edict and the following Liutprando's law talk about the Morgengab as a German custom. The ceremony took place after the first wedding night, and by means of it the union reached complete validity.*

TAV. F - 1/2) Arimanni di fine VII Sec. armati con lancia e scudo. Gli scudi presentano umboni arrotondati e non più a tronco di cono, mentre gli elmi conici, di tipologia diversa rispetto agli elmi lamellari che abbiamo già visto, sono dotati di protezione per il naso. In evidenza la scure appesa alla cintola del primo guerriero.

PLATE F - 1/2) ***Warriors armed with spear and shield****, in the late VIIth cent. The shields have got rounded umboni and not conic section as usual. The conical helmets are equipped with protection for the nose. In evidence the axe hanging at the waist of the warrior 1.*

▶ Placca in oro raffigurante guerriero Longobardo inizio VII sec. museo archeologico Cividale del Friuli.

Gold plaque depicting a Lombar warrior, early seventh century. Cividale Del friuli (Italy) archaeological museum.

◀ Schizzi di guerrieri e principi longobardi. Opera di Nadir Durand.

Sketches of the Lombard princes and warriors. Work of Nadir Durand.

TAV. G - 1/2) **Gasindi di fine VII/inzio VIII Sec.** armati con lancia e scudo e protetti da armature a scaglie. I gasindi erano guerrieri che avevano giurato fedeltà al Re. Il termine Gasindio tenderà a scomparire dopo la conquista di Carlo Magno, sostituito da Vassus, un sostantivo meno legato a un ambito servile. Molto interessante la protezione per le gambe indossata dal primo guerriero.

PLATE G - 1/2) *Warriors (Gasindi) armed with spear and shield,* in the late VIIth and beginning of VIIIth cent.
Gasindi swore their loyalty to the King. The word "Gasindio" was replaced by the term "Vassus" after Charles Magnus's conquest. The warrior 1 is wearing an interesting leg protection . Both armor are made only with the part to protect the chest and the stomach.

TAV. H 1) **Arimanno della seconda metà del VII Sec.** Nella mano sinistra impugna uno scudo di cui è ben visibile la facciata lignea, non decorata, e l'impugnatura.
2) **Arimanno della prima metà del VII Sec.** vestito di una semplice tunica e armato
di lancia. 3) **Gasindius di fine VII/inizio VIII Sec.** Il fissaggio dello scudo sulla schiena tramite un laccio ne consentiva un agevole trasporto.

PLATE H - 1) *Soldier, in the second half of the VIIth cent.* He is holding in his left a wooden front shield.
2) *Soldier, in the first half of VIIth cent.* He is wearing a tunic and he is armed with a lance. 3) *Soldier,* in the late VIIth and beginning of VIIIth cent. *The shield was fixed on the back with a lace to carry it easily*

TAV. I - 1) **Alcuni guerrieri, in marcia** attraverso la foresta, sorvegliano i confini del Ducato di Spoleto, alla metà del VII Sec. Il Ducato di Spoleto, formatosi forse durante il periodo di anarchia ducale, attraversò alterne vicende nel suo rapporto, non sempre idilliaco, con il Regno longobardo del nord: fra pochi anni, ad esempio, questi guerrieri appoggeranno il colpo di mano che porterà al trono Grimoaldo.

PLATE I - 1) *Some marching soldiers* are guarding the Dukedom of Spoleto's boundaries in the half of VIIth cent. *The Dukedom of Spoleto was born maybe during the ducal anarchy period. This Dukedom didn't always get on well with the Lombard Kingdom of the North. In fact, some years later, these soldiers supported a coup d'état pro Grimoaldo.*

TAV. K - 1) **Guerriero a cavallo con elmo e armarura** lamellari, lancia e scudo in pugno. La minore forza ed efficacia della cavalleria longobarda rispetto a quella franca fu forse la pecca che consentì a Carlo Magno di conquistare il regno di Desiderio, ultimo Re dei Longobardi.

PLATE K - 1)*Warriors on horseback* with lamellar helmet and armor, lance and shield. *Probably Charles Magnus conquered Desiderio's Kingdom, the last Lombard's King, because the Lombard cavalry was weaker than the Frank's one.*

TAV. L - 1/2) **Due arimanni di fine VI/inizio VII Sec.** privi di armatura. Entrambi impugnano lancia e scudo con umbone a tronco di cono e senza decorazioni. 3) **Lo Scudalscio (Sculdahis)** era un ufficiale inferiore ai Duces o agli Iudices, che aveva probabilmente compiti inerenti alla risoluzione di contenziosi civili. Fu Liutprando a specificare maggiormente le sue funzioni. Non siamo ancora in grado, tuttavia, di descrivere il preciso ruolo di questa figura.

PLATE L - 1/2) *Two soldiers without armor* in the end of VIth and at the beginning of VIIth cent. *Both are holding a lance and a shield with conic section umbo without decoration.* 3) *The "Sculdascio"* was an officer of a lower level than the Duces or the Iudices but probably he judged the civil contentious. King Liutprando specificied better his functions. We are not yet able, however, to describe the precise role of this figure.

TAV. M - 1) **Un Arimanno del VII sec. con lancia in pugno**, elmo e spatha fissata in vita guarda la spalle a un **Gastaldo (2)**, seduto con la spatha poggiata sulle gambe. Il Gastaldo era una sorta di ufficiale dipendente dal Sovrano, che se ne avvaleva anche in qualità di controllore dell'operato dei Duchi. **3) Dietro di loro un terzo guerriero**, armato di scudo e scure, durante un'esercitazione

PLATE M - 1) An **Arimanno of the VII century** with spear in hand, helmet and spatha hanging at his waist watches a **Gastaldo (2)**, sitting with a spatha on his legs. The "Gastaldo" was a sort of officer subordinate to the King. He checked the Duke's behavior. In the background, a **third warrior (3)**, armed with axe and shield, in training.

TAV. N - 1/2/3) **Alcuni Arimanni di basso rango,** privi di armatura e armati semplicemente di lancia e scudo (spoglio e privo di decorazioni). Il primo guerriero impugna tuttavia una scure dal manico piuttosto lungo e indossa un elmo conico.

PLATE N - 1/2/3) **Some low- ranking soldiers**, without armor and armed only with a lance and a shield (without decoration). The warrior 1 is holding a long helve and he wears a conic helmet.

TAV. O - 1) **Gasindius di metà VII Sec.** con elmo e armatura lamellari e scramasax fissato al fianco.
2) **Arimanno di fine V Sec.** privo di elmo e armatura, con scramasax e spatha appesi al fianco.
3) **Guerriero di inizio VI Sec.** con scudo fissato alla schiena e protezione per il torso (non ancora un'armatura lamellare). Da notare la diversa tipologia di lancia che impugnano.

PLATE O - 1) **In the half of VIIth cent, soldier** with a lamellar helmet and armor. He's got a scramasax fixed on his hip. 2) **In the late Vth cent., a soldier** without helmet and armor, with a scramasax and a spatha put on his hip. 3) **Beginning of VIth cent, soldier** with a shield fixed on the back and with a cover to protect the trunk. Note the different type of spear wielding.

TAV. P - 1) **La Regina Teodolinda**, appartenente alla stirpe dei Bavari e moglie prima di Autari e poi di Agilulfo, favorì la diffusione del cattolicesimo e fondò un gran numero di edifici religiosi.
2) **Questo Duca riccamente vestito**, ci consente di osservare la tipica acconciatura che erano soliti portare i Longobardi: i capelli, come si può vedere, erano rasati sulla nuca e lunghi sulla fronte.
3/4) Completano l'illustrazione, sullo sfondo, un guerriero protetto da un elmo e una corazza lamellari e un semplice arimanno, privo di corazza. Dall'elmo del primo guerriero, evidentemente di rango più elevato, spunta una coda di cavallo.

PLATE P - 1)**The Queen Teodolinda** belonged to Bavari line was Autari's wife firstly and Agilulfo's later. She helped the diffusion of the Catholicism and built different religious buildings.
2) **He's a rich Duke** and he has got the typical Lombard coiffure: the hair are shaven on the neck and long on forehead.
3) In the background, there is soldier 1 with a lamellar helmet and cuirass and another soldier without armor. From the helmet of the first warrior, evidently of higer rank, check a horsetail.

▶ Preziosa fibule in oro e altri oggetti da corredo tombale .
Precious gold fibula. And other objets from a Lombard grave.

BIBLIOGRAFIA - BIBLIOGRAPHY

La bibliografia sull'esercito longobardo è abbastanza corposa. Qui sono citati solo i testi di carattere militare più facilmente reperibili in commercio e le fonti più conosciute.

-Paolo Diacono, *"Historia Langobardorum"*. Edizione a cura di Lidia Capo, Milano, Fondazione Lorenzo Valla, Mondadori 1992.
-Jurgen Misch, *"Il Regno longobardo d'Italia"*, Perugia, Eurodes 1979.
-M.G.Arcamone, *"Magistra barbaritas. I barbari in Italia"*. Libri Scheiwiller, Milano 1984.
-A. A. Settia, *"Aureliano Imperatore e il cavallo di Re Alboino. Tradizione ed elaborazione nelle fonti pavesi di Paolo Diacono"*. Il saggio è contenuto in "Paolo Diacono. Uno scrittore fra tradizione longobarda e rinnovamento carolingio". Forum, Udine 2000.
-Stafano Gasparri, *"Kingship, rituals and ideology in lombard Italy."* Il saggio è contenuto in "Rituals of power. From late antiquity to the early middle ages", Brill, 2000
-Pierandrea Moro, *"I Longobardi e la guerra. Da Alboino alla battaglia sulla Livenza (sec. VI – VIII)"*. Viella, Roma 2004.
-Corso di *"Storia della Lombardia nel Medioevo"* tenuto dalla Professoressa Liliana Martinelli, Università degli studi di Milano, 2012.
-Paolo Cammarosano, *"Nobili e Re. L'Italia politica dell'alto medioevo"*, Laterza, Roma 1998.
-Stefano Gasparri, *"La frontiera in Italia (sec. VI – VIII)"*. Il saggio è contenuto in "Città, castelli, campagne nei territori di frontiera (secoli VI – VII)". A cura di G. P. Brogiolo. Padus, Mantova 1995.
-Gregorio di Tours, *"Storia dei Franchi"*, Milano, Vallagarina 2001
-Jorg Jarnut *"Storia dei Longobardi"*, Torino, Einaudi 2002
-Stefano Gasparri, *"Italia longobarda: il regno, i Franchi, il papato"*, GLF editori Laterza, Roma - Bari 2012.
-Paolo Grillo, *"Cavalieri e popoli in armi: le istituzioni militari nell'Italia medievale"*, GLF editori Laterza, Roma 2008.
-Alberto Peruffo, *La guerra civile longobarda e la battaglia di Cornate d'Adda*, Soldiershop 2017

◄ **Umbone a calotta emisferica.** Impugnatura dello scudo in ferro. Punta di lancia. Museo civico archeologico di Modena

Hemispherical umbo. Iron grip of the shield. Lance. Archeological Museum of Modena

► **Arte longobarda, evangelario di Teodolinda,** 603, Monza, chiesa di San Giovanni Battista.

Lombard art, Teodolinda Gospels, 603, Monza, church of San Giovanni Battista.

- *"Il Medioevo. Barbari, cristiani, musulmani"*. A cura di Umberto Eco. Milano, Encyclomedia 2010
- John Haldon, *"Il sogno cristiano di Bisanzio"*, Rbaitalia 2012.
- Karl Ploetz, *"Enciclopedia della storia. Dal 4000 A.C. ai giorni nostri"*, Mondadori 1962/1965
- Paolo Delogu, *"Il Regno longobardo"*, in Paolo Delogu, André Guillou, Gherardo Ortalli, -*"Longobardi e Bizantini"*. Il volume fa a sua volta parte della collana "Storia d'Italia", UTET, Torino 1995.
- Gian Piero Bognetti, *"L'età longobarda"*, Milano, Giuffre 1966.
- Mario Brozzi, *"I Longobardi"*, editoriale Jaca book, 1980.
- Giuseppe Albertoni, *"L'Italia carolingia"*, Roma, NIS 1997.
- Franco Bertelli, *"Il futuro dei Longobardi. L'Italia e la costruzione dell'Europa di Carlo Magno"*, Milano, Skira 2000
- Giovanni Tabacco, *"Egemonie sociali e strutture del potere nel medioevo italiano"*, Einaudi 2000.
- Marco Balbi, *"L'esercito longobardo 568/774"*, Editrice Militare Italiana, Milano 1991.
- Giuseppe Piemontese, *"I Longobardi Arte e religiosità lungo le vie del pellegrinaggio micaelico"*, Editore Bastogi, 2002.
- Nicola Bergamo, *"I Longobardi. Dalle origini mitiche alla caduta del regno in Italia"*, Editrice Goriziana 2012.
- Paolo Cesaretti, *"I Longobardi. Dalle origini mitiche alla caduta del regno in Italia"*, Editrice Vella per la collana AltoMedioevo, 2012.
- Alessandro Muro, *"Mezzogiorno longobardo. Insediamenti, economia e istituzioni tra Salerno e il Sele (secolo VII-XI)"* Adda Editore, 2008.
- Giovanna Ferrante, *"La dama di ferro. Il romanzo di Teodolinda regina dei Longobardi"*, Editrice Ancora, 2007.
- Alessandra Melucco Vassaro, *"I Longobardi in Italia"* edito da Longanesi, 1992.
- Silvia Lusuardi Siena, *"Anulus sui effigii. Identità e rappresentazione negli anelli-sigillo longobardi"*, Editrice Vita e Pensiero, 2007.
- Dario Pedrazzini, *"La vita quotidiana dei longobardi ai tempi di re Rotari"*, Editrice A&G Fotografia, 2007.
- Nicoletta Onesti Francovich, *"Vestigia Longobarde in Italia (568-774)"*, editore Artemide 1999.
- Claudio Azzara, *"Le leggi dei Longobardi Storia, memoria e diritto di un popolo germanico"* Editore vella, 2004.
- Luigi di Curato, *"Museo e tesoro del Duomo di Monza"*, Editrice Silvana, 2007.

TITOLI PUBBLICATI - ALREADY PUBLISHING

WWW.SOLDIERSHOP.COM   WWW.BOOKMOON.COM

www.ingramcontent.com/pod-product-compliance
Lightning Source LLC
LaVergne TN
LVHW081546070526
838199LV00057B/3789